斯密评传

吴惠林 著

海南出版社
·海口·

斯密评传
吴惠林著
本书为五南图书出版股份有限公司授权海南出版社在中国大陆出版发行简体字版本。

版权合同登记号：图字：30-2019-022 号
图书在版编目（CIP）数据

斯密评传 / 吴惠林著 . -- 海口 : 海南出版社，2020.2

ISBN 978-7-5443-9160-3

Ⅰ . ①斯… Ⅱ . ①吴… Ⅲ . ①亚当·斯密 (Adam Smith 1723-1790) -评传 Ⅳ . ① K835.615.31

中国版本图书馆 CIP 数据核字 (2019) 第 280888 号

斯密评传
SIMI PINGZHUAN

作　　者：吴惠林
监　　制：冉子健
责任编辑：张　雪
策划编辑：谌紫灵
封面设计：MM末末美书 QQ:974364105
责任印制：杨　程
印刷装订：三河市祥达印刷包装有限公司
读者服务：武　铠
出版发行：海南出版社
总社地址：海口市金盘开发区建设三横路 2 号　邮编：570216
北京地址：北京市朝阳区黄厂路 3 号院 7 号楼 102 室
电　　话：0898-66830929　010-87336670
电子邮箱：hnbook@263.net
经　　销：全国新华书店经销
出版日期：2020 年 2 月第 1 版　2020 年 2 月第 1 次印刷
开　　本：880mm×1230mm　1/32
印　　张：7.375
字　　数：155 千
书　　号：ISBN 978-7-5443-9160-3
定　　价：45.00 元

目录

在格拉斯哥大学上学时，斯密勤奋用功，对他最有影响的老师是哈奇森。哈奇森讲授道德哲学，他是第一位不用拉丁语而用英语授课的老师，上课时不带教材，不拘泥于陈规，讲课生动有趣。这门课奠定了斯密在此一课程的基础。哈奇森也注意到斯密的天赋，就将斯密写的一篇关于休谟当时出版的《人性论》的摘要寄给休谟。休谟看过后非常高兴，就送给斯密一套《人性论》，此后休谟和斯密就建立了深厚友谊。休谟是苏格兰的哲学家、经济学家和历史学家，被认为是苏格兰启蒙运动以及西方哲学历史中最重要的人物之一。

第二章　亚当·斯密博大精深的思想体系 _019

从斯密《原富》的附录“语言发达史”中得知，他还有未定稿的天文学史和与此有关的古代物理学史，关于古代伦理学、哲学，以及绘画、音乐、舞蹈、诗剧的本质及其发展的文献。企图以这些资料编撰出一部人类文化史，才是斯密毕生的意愿或目标。他在爱丁堡大学和格拉斯哥大学两所大学所讲授的讲义，只不过是此研究过程中的一个片段而已。

第三章 《原富》和《国富论》，分工和看不见的手 _043

很多没学过经济学的人，都听过亚当·斯密这位现代经济学之父的大名；但学过经济学的人，却很少有人读过他的成名作《原富》。亚当·斯密在200多年前完成的这本巨著是否还值得21世纪的我们去看呢？当然值得。说得夸张一点，现代经济学也只不过是在阐释《原富》，而且许多基本的原理还没有《原富》说得明白呢！简单地说，现代经济理论的精华，《原富》里面几乎都讲到了。也就是说，200多年来关于经济学的浩如烟海的论述，相对于《原富》而言，也不过像是千变万化但却“逃不出如来佛手掌心的孙悟空”而已。现代经济理论可以说都是源自亚当·斯密在《原富》中的论点和见解，可以说就是为了证明他说的都是对的。亚当·斯密在《原富》里所表现的眼界和恢宏气度，可以说是无与伦比、历久弥新的。

如何看待亚当·斯密在生前投注毕生心血而进行数次轮流修订充实的《原富》和《道德情操论》这两本书之间的关系，从19世纪中叶起，也就是在《道德情操论》初版发行约100年后，迄今一直是某些经济思想史学者在所谓“亚当·斯密真的有问题吗？”的标题下所争论的问题。

经济学是人的行为学的一部分，但问题是这句话中的那个“人”字的正确概念没有被所有学习经济学的人时时刻刻紧紧把握住。经济学家所必须了解的“人”与生物学家或动物学家心目中的“人”不一样。虽然经济学家也知道“人”具有一般动物的欲望、冲动和本能的反应，但更重要的是，“人”还具有异于动物的意志、理念和逻辑思维。这是人之所以为人的一大特征。

自序　重新拥抱“经济学之父”亚当·斯密

2008年年底，一场被称为百年罕见的“金融海啸”，以及随之而来的全球经济大萧条，让政府的威权急速扩张，人们对“自由市场”的疑虑甚至谴责的声浪也一波接一波，此起彼落。这样的氛围笼罩了整个地球，也形成了沛然莫之能御的主流舆论，于是各国政府不断地提出“救经济、救企业、救失业”等大振兴方案。在这种一头热的“救命、救急”优先的口号下，那种呼吁要冷静、理性地从根源进行检讨的刨根问底的倡议，不但会被当成耳边风，而且其倡议者还会被嘲弄为“不食人间烟火、不识时务”，甚至被骂为“冷血、没有侠义心肠”的人。不过，如果不讲会伤人的真话，人类便不能觉醒，便不能改变后天形成的错误观念，恐怕风暴、危机还会一波接一波，直至淹没人间。那么，根底何在?

“无形的市场”受到误解

简单来说，当前的人对“无形的市场”极端误解，无数的专家还“自以为非常了解”。最关键的是，对市场及其内涵“交易行为”最重要的元素“诚信”或者说是伦理道德则避而不谈，甚至嗤之以鼻。在金融海啸、经济大萧条以及天灾人祸频频出现的时刻，不少人其实已经意识到“道德”的重要性，只是茫茫然不知如何是好。而回到“经济学之父”亚当·斯密（Adam Smith，1723—1790）的时代，是一条最简单的明路。向斯密学习，拥抱斯密，认真阅读、领悟斯密的两本经典名著，不失为一条捷径。

众所周知，亚当·斯密被尊称为“经济学始祖”，而经济学在人间早已成为显学，也早被通识教育课程涵盖，但当代经济学却严重脱离斯密的原意。斯密早已作古，他之所以赢得此尊称，是因为那本1776年面世的《原富》（*An Inquiry into the Nature and Causes of the Wealth of Nations*，简称 *The Wealth of Nations*）开创了经济学，这本书在华人世界被熟知的译名是“国富论”，但这个译名其实并不妥当，还是翻译大师严复最先使用的“原富”译名较贴切，因为前一个通用的译名容易被误导为“一国本位”的“经济国家主义”，让各国的领导者及人民只顾自己国家的财富增长，于是衍生出“保护主义和保护政策”，进而不幸的“以邻为壑”事件层出不穷，而20世纪两次世界大战的发生，可以说就是“经济国家主义”作祟所致！[1]

[1] 本系列书《经济学人》中，关于 *The Wealth of Nations* 的翻译，遵循作者原意采用《原富》（详见本书第三章），其他译名均采用通用译名。——编者注

《原富》是最好的经济学图书

《原富》早已被列为“经典”，却很可能落入“大凡被称为经典名著，绝大多数人都听过并知道该书，但真正看过者却屈指可数”的命运。不过，全球知名的产权经济学大师张五常教授认为《原富》是迄今为止最好的一本经济学图书，不可失之交臂，而且中国在 2000 年和 2005 年已有合乎“信、达、雅”水平的最新中文译本出现（上、下两大册）[1]，因而这本书正是在不景气的大债时代，人们获得长时间休息时，可以好好品尝的心灵鸡汤！

奥地利学派古典经济学大师米塞斯（Ludwig von Mises，1881—1973）在其 1949 年出版的巨著《人的行为》中这样写着：“当今很多大学以‘经济学’这个名目讲授的东西，实际上是对经济学的否定。”我可以再补上“也是对《原富》的扭曲”这句话。因为《原富》被认为最重要的地方是传达了“看不见的手”或“市场机制”理念，但当前通行的经济学教科书往往将“人的理性行为”作为市场机制的必要条件，且将“人”予以机械化、模式化、量化、物化。这其实是曲解，毕竟市场机制的顺利运作，不是靠人的理性行为。而人们的经济行为趋于合理，却要靠市场机制的自由运作，其间的因果关系恰好被当今经济学弄得颠倒了，因此人们实在是有必要再好好从《原富》中仔细瞧个究竟。此外，市场机制的有效运作，“人与人之间”的“诚信”

---

［1］ 参见亚当·斯密著，谢宗林译，国富论［M］. 北京：中央编译出版社，2010。——编者注

是必要条件，但《原富》并未对此着墨，何故?

《道德情操论》才是斯密的最爱

事实上，《原富》并非斯密的最爱，它只是斯密最重要的《道德情操论》(*The Theory of Moral Sentiment*，1759）这本书的附篇而已。由《道德情操论》的书名即可知其讲的是“伦理道德”，而这也是经济学的“根本”。因此，更有必要阅读《道德情操论》，也只有这样才能寻回经济学的“诚信”本质。幸运的是，2007 年 1 月，这本书的优良中译本也已经面世，[1]而 600 多页的篇幅需要一段较长的时间来消化，加上《原富》上、下两册分别有 600 多页和 400 多页，这是需要一番心力才能真正地拥抱斯密的！想要提升心灵层次，寻回诚信、伦理、道德的朋友，盍兴乎来?

翻开史料，可知斯密是 18 世纪英国一位极其重要的伦理学家和法理学家，他曾在格拉斯哥大学讲授“道德哲学”，认为神学、伦理学、法理学和当今所谓的经济学都包含在这门课程内。我们知道，当代经济学几乎不谈论道德，尊斯密为“经济学始祖”是因为《原富》，但斯密其实认为本书只是清粥小菜，道德哲学才是主菜。那么，如果斯密还是被认定是经济学始祖，当代

---

[1]　参见亚当·斯密著，谢宗林译，道德情操论［M］. 北京：中央编译出版社，2008。——编者注

经济学应有必要大大地改头换面，应以“道德”作为基础大幅修正，世人也有必要进一步认识斯密，而对于世人来说，最好的方式是好好阅读斯密的这两本经典名著，但这也许有难度，若有轻便、通俗的简单传记，应该是最理想的。

鉴于此，我才参考有关著作，尤其是施建生教授和好友谢宗林的文章，综合之后再加上自己的看法，写成这本《斯密评传》。与《哈耶克评传》《弗里德曼评传》两本书一样，全书不加批注亦无参考文献，夹叙夹议娓娓道来，期望能贴近一般读者，让大家把“真人”找回来，让沉沦、逼近毁灭边缘的人间停止下沉，进而人心回升、大地重生。

本书之成，感谢李秀卿小姐的帮忙，而五南图书出版公司及编校同人的辛苦编校，也在此一并致谢，还望读者不吝指正。

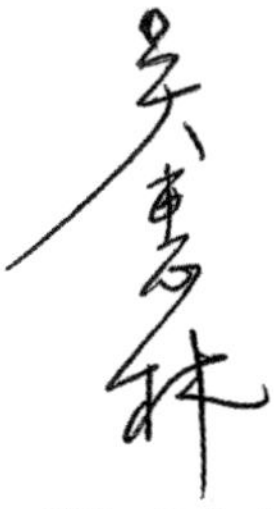

谨识于台北

2016 年 8 月 8 日

第一章

经济学始祖的一生

在格拉斯哥大学上学时，斯密勤奋用功，对他最有影响的老师是哈奇森。哈奇森讲授道德哲学，他是第一位不用拉丁语而用英语授课的老师，上课时不带教材，不拘泥于陈规，讲课生动有趣。这门课奠定了斯密在此一课程的基础。哈奇森也注意到斯密的天赋，就将斯密写的一篇关于休谟当时出版的《人性论》的摘要寄给休谟。休谟看过后非常高兴，就送给斯密一套《人性论》，此后休谟和斯密就建立了深厚友谊。休谟是苏格兰的哲学家、经济学家和历史学家，被认为是苏格兰启蒙运动以及西方哲学历史中最重要的人物之一。

简单却奇特的苏格兰家庭

1723年6月5日（这只是斯密的受洗日，其出生日期不可考），被称为“经济学始祖”的亚当·斯密出生在苏格兰爱丁堡（Edinburgh，Scotland）附近——法夫郡（County Fife）的柯克卡迪（Kirkcaldy）这个小商港、小渔村。

亚当·斯密的父亲也叫亚当·斯密，是一位律师，也是苏格兰的军法官和柯克卡迪的海关监督，他在亚当·斯密出生数个月前就已去世，所以斯密是一位遗腹子。斯密从小身体就不算健康，但对读书却有极大的爱好。据说斯密还曾在1726年被吉卜赛人绑架，但不久后就被释放。斯密的母亲玛格丽特·道格拉斯（Margaret Douglas）是法夫郡史特拉森得利（Strathendry）大地主约翰·道格拉斯（John Douglas）的女儿，是斯密父亲的续弦。两人结婚不到3年，玛格丽特就成为寡妇，她于是将这个自己所生的唯一的儿子取名为其丈夫的名字，以纪念其丈夫。斯密一生与母亲相依为命，终身未娶，若无特殊原因，绝不远离其母。

求学过程

1737年，斯密在家乡接受基础教育后，随即远赴格拉斯哥（Glasgow），进入格拉斯哥大学就读。斯密在14岁时上大学，在我们看来，这可以说是大大地跳级，但在苏格兰却是正常的。斯密没选读较近的爱丁堡大学或圣安德鲁斯大学（St. Andrews University），可能是格拉斯哥大学设有一个将来可以转进牛津学院（College at Oxford）的奖学金之故。格拉斯哥大学的规模很小，全校只有12个教授，依该校规定，每个学生在学校就读5年、修完6种科目就可以获得硕士学位。这6种科目分别是拉丁文、希腊文、道德哲学、逻辑学、数学以及自然哲学。

在格拉斯哥大学就学时，斯密勤奋用功，对他最有影响的老师是哈奇森（Francis Hutcheson，1694—1746）。哈奇森讲授道德哲学，他是第一位不用拉丁语而用英语授课的老师，上课时不带教材，不拘泥于陈规，讲课生动有趣。这门课奠定了斯密在道德哲学方面的基础。哈奇森也注意到了斯密的天赋，就将斯密写的一篇关于休谟（David Hume，1711—1776）当时出版的《人性论》（*A Treatise of Human Nature*）的摘要寄给休谟。休谟看过后非常高兴，送给斯密一套《人性论》，此后休谟和斯密就建立了深厚友谊。大卫·休谟是苏格兰的哲学家、经济学家和历史学家，被认为是苏格兰启蒙运动以及西方哲学历史中最重要的人物之一。

1740年，斯密在得到了赴牛津大学贝利奥尔学院（Balliol College，Oxford）进修的史内尔奖学金（Snell Exhibition）后，就离开格拉斯哥大学到牛津大学去了。由于斯密只在格拉斯哥大学研读了 3 年，没有达到 5 年的门槛，因而没有获得格拉斯哥大学的硕士学位。史内尔奖学金是由格拉斯哥大学校友约翰·史内尔（John Snell）捐赠的，是为培养其学生将来担任苏格兰主教派教会，也就是圣公会（Episcopal Church）的牧师而设立的。1690 年，苏格兰教会由长老会（Presbyterian）主持，该项奖学金的宗旨就无法实现了。到那个时期，所有获得奖学金者都可自由进入牛津大学任何学院，专攻任何学科。当时共有 5 位获得奖学金，每人每年可获 40 英镑，可以连续领 11 年。

斯密又在 1742 年额外得到每年 8 英镑 5 先令的华纳奖学金（Warner Exhibition）。不过，在牛津读书的费用很高，最节俭的学生每年至少也得要 30 英镑，而一般人则需要 50 英镑。因此，斯密在牛津的生活可说是十分清苦的。

牛津大学教授的薪资有其定额，由学校所获得的众多捐款支付，与学校所收的学生人数完全无关。斯密后来在《原富》这部经典中就写道："（这些教授）甚至连假装教书都不愿做，根本就不上课！……学校的项目一般都不为学生的利益而筹划，而是为这些（捐款的）主人的利益而筹划的。"这和格拉斯哥大学完全不同，格拉斯哥大学以教学为首要任务，教授的待遇和其所收的学生人数成正比，每位学生需要给自己的任课老师付学费。

虽然牛津大学教授的教学情况不理想，斯密有所抱怨，但他对贝利奥尔学院的图书馆却很满意，因为这个图书馆藏书丰富。所以，斯密在牛津大学 6 年，可以说完全是通过自学而获得了深厚的学术基础。斯密研读过一些希腊文和拉丁文的古典著作和法国文学作品，也读了不少当代哲学著作。斯密还曾经因为房间里藏有休谟送他的《人性论》这本著作，差点被牛津开除呢！因为该书主张“道德与政治的基础是自利心”。斯密在 1746 年就离开牛津，虽然他的奖学金还可维持 5 年，但他在 1749 年就没有再领取。斯密有没有获得牛津大学的任何学位呢？在牛津大学的毕业生花名册中找不到斯密的名字，但约翰·雷（John Rae）在 1898 年出版的《亚当·斯密传》（*Life of Adam Smith*）中，却记载着斯密获得了牛津大学的硕士学位（MA）。

教学生涯

离开牛津之后，斯密就回到他6年未见的母亲身边，即柯克卡迪的住所。为什么斯密会这么久都没有回家见母亲？原来是往返路费太高，斯密负担不起。斯密此次回家除了和母亲团聚外，也希望一方面可以继续做研究，一方面找到合适的工作以维持生计。两年之后，斯密终于得到爱丁堡一些领袖人物的推荐，进入爱丁堡大学，进行一系列有关逻辑学和文学的公开演讲。这些演讲并不是爱丁堡大学任何课程的一部分，但有许多攻读神学和法学的学生前来，斯密因而每年大约可以获得100多英镑的报酬。

后来，斯密又为主修法律的学生增加了一系列有关民法的演讲，听众中也有一些当地文化界年长的著名人士，所以斯密的演讲是相当成功的。就因为成功，当1750年格拉斯哥大学的逻辑学教授缺席时，斯密就立即受邀出任，于次年正式接任。不过，在该年夏天，斯密还都未曾为学生们上课，直到该校道德哲学教授因病赴国外疗养，他才被邀于该年在逻辑学之外兼授这门课。同时，格拉斯哥大学知道斯密在爱丁堡的成功演讲中还包括了法律和政治知识，因而建议他在道德哲学这一门课中可以包括法律和政治知识。

也就在1750年，亚当·斯密同父异母的哥哥休·斯密（Hugh Smith）去世了，于是由他继承了遗产。该年11月，原来教道德哲学这门课的教授病逝，斯密于次年接任这一待遇较优的职位，此门课包括自然神学、伦理学、法理学与经济学。斯密觉得这一课程比逻辑学有趣，但校方希望他继续讲授逻辑学和文学，他也就同意了校方的要求。斯密担任该一职务长达 12 年之久，是一位备受欢迎的老师。虽然斯密的口才比不上他的老师哈奇森，但他说理清晰、讲解详尽，而且和哈奇森一样，斯密对学生的学业非常认真、尽责，对于住在学校中的学生都予以个别指导，对于他们的健康和以后的发展都很关心。

斯密时常想事情想得出神，丝毫不受外物干扰，有时也因此发生糗事。他在担任海关关长时，有一次因出神，将自己公文上的签名不自觉写成前一个签名者的名字。斯密在陌生环境发表文章或演说时，刚开始会因害羞而频频口吃，一旦熟悉后便恢复辩才无碍的气势，侃侃而谈。对于喜爱的学问，斯密研究起来相当专心、热情，甚至到了废寝忘食的地步。

除了在校授课之外，1751 年之后，斯密还担任过学校的行政职务，而且还是一位颇为杰出的学校行政人员。斯密曾任学校财务长 6 年，之后又任教务长与副校长，并出任解决校务长（Principal）和校长（Rector）之间职责纠纷的特别委员会的主席。学校对外界，如格拉斯哥的议会或伦敦的财政部等机关有需要交涉和谈判的事情的时候，斯密都作为学校的发言人代为处理。虽然斯密常有心不在焉的毛病，但他对这些事务都能处理妥当。1762 年，格拉斯哥大学颁授法学博士学位给斯密。

斯密讲授道德哲学这一门课时是有讲稿的，除了自然神学没留下任何信息外，其他三门课都有信息留下来。他在伦理学上所讲述的内容成为他在1759年出版的名著《道德情操论》的内容。斯密的法理学直到1896年才由牛津大学教授坎南（Edwin Cannan，1861—1935）编成《法理学讲义》（*Lectures on Jurisprudence*），而斯密当时所讲授的经济学，后来就发展成为他最著名的在1776年3月出版的《原富》（一般都译为《国富论》，但这个译名并不妥当，第三章对此会有详细说明）。此书出版后引起了大众的广泛讨论，除了英国外，连欧洲其他国家和美洲国家也为之疯狂，因而斯密被后人尊称为“现代经济学之父”和“自由企业的守护神”。

自从《道德情操论》出版之后，斯密的声誉就日益崇隆，因为这本书不但在英国受到好评，而且在其他欧美国家都获得极大的赞扬，从而也让斯密跻身英国顶尖哲学家的行列。休谟就将该书赠予许多友人，其中一位是当时极为重要的人物查尔斯·汤森（Charles Townsend，1725—1767）。汤森读了之后深感佩服，他在1755年与寡居的达尔基斯伯爵夫人（Countess of Dalketh）结婚，而伯爵夫人的长子布克莱公爵（Duke of Buccleuch）当时正在伊顿公学就读，汤森就想等他这位继子在伊顿学业告一段落后，请斯密当布克莱公爵的导师，带他到欧洲游学数年以增长见闻，当时英国贵族子弟到国外旅行是应受教育中很重要的一部分。汤森告诉休谟这个构想，休谟就告诉斯密这个信息。

4年后，汤森就正式写信给斯密提出聘约，每年薪俸500英镑，整个旅程结束后，每年支付养老金300英镑。这个条件比斯密在格拉斯哥大学的待遇要好太多了，他在格拉斯哥大学每年的收入很难精确地计算，因为一部分收入以他每年能收多少学生而定，但粗略估计是150～300英镑，所以斯密自然就接受了。斯密在1764年3月1日向格拉斯哥大学递交辞呈，结束了教学生涯，开始游学欧洲。

伴随青年公爵游学欧洲

1764 年年初，斯密带领年轻的布克莱公爵赴欧游学，首先是到巴黎，住了数天之后就转赴图卢兹（Toulouse），在该城待了一年半。由于初来乍到，人生地不熟，经由友人介绍的当地人士又与他不合拍，生活就变得十分无趣，斯密在写给休谟的信中这么说："我开始用写一本书来消磨时间。"这就是斯密在 1759 年出版的《道德情操论》结尾中所说的"要写一本讨论'法律与政府之一般原理'的书"。该书也成为 1776 年出版的《原富》的一部分。

数月之后，情况逐渐改善，斯密对图卢兹的情况有所认识，他的法语交谈也有所进步。这个时候，布克莱公爵的弟弟斯科特（Hew Scott）也前来参与，他们三人就到法国南部各地游学。1765 年 10 月，他们到了日内瓦，在该城住了两个月，斯密趁机拜访伏尔泰（Voltaire, 1694—1778）。斯密非常仰慕伏尔泰，认为伏尔泰"可能是法国最博学的天才"。斯密和伏尔泰晤谈了五六次，他深感欣慰。

1766 年年初，三人返回巴黎，一直住到 10 月底。他们在巴黎的社交活动自然比在图卢兹频繁许多。当地的英国人对布克莱公爵都表示非常欢迎，而斯密的学术声誉加上休谟的推荐，使巴黎的名流对斯密非常仰慕。休谟也曾在巴黎的英国大使馆任职，由秘书做到代办，但是当他们到巴黎时，休谟已经回到英国了。

在巴黎的日子里，斯密常常参与文艺沙龙活动，去看了歌剧，欣赏了《汤姆·琼斯》(*Tom Jones*)，也到过巴黎最令人流连忘返的酒店。和休谟一样，斯密也受到款待。同时，斯密也时常与当地一群经济学家碰面晤谈，他遇到这群经济学家的领袖魁奈（Francois Quesnay，1694—1774）。当时魁奈的代表作《经济表》（*Tableau Economicque*）已发行了许多版。魁奈是法国国王路易十五（Louis XV）的御医，也是“重农学派”（Physiocrat）的创始人。该学派认为农业是国民财富的唯一来源，因为只有农业可以生产超过其成本的真正的剩余产品，其他生产方式都只是利用农产品来制成各种物品以供消费。因此，他们认为政府应以发展农业作为优先选择，不应随重商主义者（Mercantilist）的主张而让商业优先发展。

斯密对经济学早就感兴趣，到巴黎的时候正值重农学派的巅峰时期，他很高兴能躬逢其盛。不过，重农学派的一位年轻人杜邦（Dupont de Nemours）在编辑另一位重农学派巨子杜阁（A. R. J. Turgot，1727—1781）的著作中，曾提到斯密是魁奈在巴黎的学生，但这不是事实，毕竟斯密的经济理论构想早在到巴黎之前就已经成形，这些理论包括自由贸易以及一国之财富不是金银货币而是实际物品的反重商主义思想。说斯密是向魁奈学习得来这些知识，不如说是向哈奇森和休谟两人学得。当然，斯密也从法国经济学家那里学到了一些见解，但他并不认同重农学派所主张的农业具有绝对重要性的地位。不过，斯密认为重农学派提出的体系尽管不是很完善，但依然也许是已出版的政治经济学著作中所提出的最接近真相的理论。斯密对魁奈在经济学方面的重要贡献非常佩服，他原本想在日后撰写的《原富》中为魁奈题献词，不幸的是，当该书出版时，魁奈已去世！

斯密和魁奈的友情超过对彼此经济学的兴趣。举例来说，在青年公爵布克莱和弟弟斯科特患病时，斯密请求魁奈亲自为他俩诊治，魁奈答应照办了。这位青年公爵后来康复了，但其弟斯科特却一直没起色，斯密又请英国大使馆内的医师帮忙看诊，结果仍然无效，斯科特于1766年10月19日病亡。在此情形下，斯密只能结束欧洲游学生涯，偕青年公爵带着其弟的遗体于11月1日回到伦敦。此后，斯密就再也没有离开过他的祖国了。

陪伴母亲过晚年

1766 年冬，斯密在伦敦度过，当时他担任汤森的顾问，而汤森是英国当时的财政大臣（Chancellor of Exchequer）。斯密对他的协助是研究对美洲殖民地的税务计划，虽然该项研究有没有实质贡献不得而知，但该项计划显然是失败了，因为 1776 年美国宣布独立，同年，斯密的《原富》也正式出版，这个巧合似乎意味着“经济学的本质是自由经济”。其实，斯密早在 1773 年就写成了《原富》，他又多花了 3 年时间润饰，可见其慎重，而 1776 年 3 月该书出版后便引发广泛讨论，欧美人士也为之疯狂。

1767 年春，斯密回到住在柯克卡迪的母亲身边，开始专心撰写《原富》。1773 年，斯密准备再返回伦敦，休谟和其他一些人士以为斯密已完成新书的写作而要到伦敦接洽出版事宜，其实不是，因为斯密还准备花 3 年时间对稿件进行润色。在伦敦那段时间，斯密不仅继续润色稿件，还不时与伦敦的苏格兰同乡人士会晤，并与当时著名的杰出人士在文艺俱乐部（Literary Club）欢聚。

值得一提的是，美国开国元勋本杰明·富兰克林（Benjamin Franklin，1706—1790）当时也在伦敦，他说斯密将《原富》一章一章地向他朗读，在场的还有一些友人与他同时细细地聆听，并提出评论，而斯密将那些意见带回将其纳入对《原富》的修改中。可以想见的是，斯密应该从富兰克林口中听到了许多关于美洲的信息，正如他过去从法国人口中得到许多有关法国的信息一样。

1776 年，《原富》正式出版后，获得了热烈的反响，斯密的挚友休谟认为这是卓越的贡献。不幸的是，《原富》出版数月之后，休谟就因久病不治而去世了，斯密因失去挚友而哀伤不已。1776 年，斯密暂时退休，回到柯克卡迪小住，写了一本有关园艺的书自娱。

1778 年春，斯密在爱丁堡定居，因为他被委任为设于爱丁堡的苏格兰海关关长并督导盐务，每年薪酬 600 英镑，这时斯密就想，应该放弃布克莱公爵给予的每年 300 英镑养老金。不过，公爵认为该项养老金本来就是约定无条件支出的，必须继续支付。就这样，斯密在爱丁堡的晚年生活相当富裕，他邀母亲及其姨母珍妮·道格拉斯（Jannet Douglas）同住，不久之后，珍妮的一位侄子大卫·道格拉斯（David Douglas）也搬过来，大卫最后成为亚当·斯密的遗产继承人。斯密的母亲于 1784 年逝世，姨母珍妮也在 1788 年离世。

一般都以为海关关长是个闲差，实际上，斯密每个星期要主持四次会议，也需处理会后事务，所以工作还是相当忙碌的。不过，斯密还是抽空修改《原富》，于 1778 年出了修订版，再于 1784 年扩增为第三版。该年，斯密被任命为格拉斯哥大学校长，但因该年 5 月母亲去世而未就任，直到 1787 年才担任荣誉校长，任期两年，也就在该年，斯密成为爱丁堡科学院院士。在此期间，斯密还将《道德情操论》大幅修订，并于 1790 年 5 月出版。

斯密的《道德情操论》和《原富》两本书是他全部计划的一

部分，他还希望出版有关“法律与政府的一般原理，以及它们在社会不同时代所经历的不同革命”的著作。不幸的是，斯密在母亲去世的6年之后（1790年7月17日）就在家中去世了（时年67岁），根本来不及完成他的整个计划。在去世前一周，斯密吩咐其遗嘱执行人要将他写的16卷草稿全部烧毁，足见斯密这位一代伟大学人工作到了其生命的最后一刻。

亚当·斯密被葬于爱丁堡卡诺给特（Canongate）教堂的墓地，在那里有一块简朴的墓碑，上面有短短三行的墓志铭：“《道德情操论》和《原富》的作者亚当·斯密安眠于此。”墓地就在斯密的住所附近。

第二章

亚当·斯密博大精深的思想体系

从斯密《原富》的附录“语言发达史”中得知，他还有未定稿的天文学史和与此有关的古代物理学史，关于古代伦理学、哲学，以及绘画、音乐、舞蹈、诗剧的本质及其发展的文献。企图以这些资料编撰出一部人类文化史，才是斯密毕生的意愿或目标。他在爱丁堡大学和格拉斯哥大学两所大学所讲授的讲义，只不过是此研究过程中的一个片段而已。

亚当·斯密之所以被尊称为“经济学始祖”，就是因为经济学这门学科是由斯密开创的，而其中的关键就是他在1776年出版的《原富》这本书。不过，这本书只不过是斯密在1759年出版的《道德情操论》的附篇而已。这也告诉我们，经济学只不过是斯密博大学问中的一小部分。他在格拉斯哥大学讲授的“道德哲学”包括神学、伦理学、法理学以及经济学。斯密的第一本名著是《道德情操论》，其本想毕生志业以此书为基础，完成或许被称为《自然法理学》的著作，但不幸早逝。而上一章已提过，斯密在逝世前一周就嘱其遗嘱执行人将其所有16卷草稿全部烧毁。

不过，虽然其遗嘱执行人遵嘱照办，但仍有一些篇章留在人间。斯密的两位朋友布雷克（Joseph Black）和赫顿（James Hutton）就把这些篇章编成《哲学论文集》（*Essays on Philosophical Subjects*）在1795年出版。此外，斯密的学生在上课时也记了笔记，有两份被后人发现，一是《修辞学与文学讲稿》(*Lectures on Rhetoric and Belles Lettres*)，二是《法理学讲义》。这两份讲稿虽非斯密亲手撰写，但也可以让我们知道他在格拉斯哥大学教课时的学术内容。

斯密的思想体系

已故的日本东京大学经济学院院长河合荣治郎教授的研究指出，斯密终其一生研究学问的目的在于观察人类如何从野蛮时代演进至文明时代，并研究此演进的学问、法律、政治和其他一切要素。为了完成此一伟大的计划，斯密的研究领域范围极广，让世人不得不惊叹于他的博学。从斯密《原富》的附录“语言发达史”得知，他还有未定稿的天文学史和与此有关的古代物理学史，关于古代伦理学、哲学，以及绘画、音乐、舞蹈、诗剧的本质及其发展的文献。企图以这些资料编撰出一部人类文化史，才是斯密毕生的意愿或目标。他在爱丁堡大学和格拉斯哥大学两所大学所讲授的讲义，只不过是此研究过程中的一个片段而已。

斯密在爱丁堡大学讲授的是修辞学和文学，1751 年任教于格拉斯哥大学时，先是讲授道德哲学，之后改教伦理学。他虽讲授伦理学，但仍以修辞学和文学为主，而道德哲学的讲义划分成三部分：一是自然神学（Natural Theology），二是伦理学（Ethics），三是法理学（Jurisprudence）。斯密在自然神学中论及的神的存在及其属性，又好像是在叙述宗教心理。斯密的信仰比休谟还要保守，他在这一部分的讲义中并未倾其心血，而后人也很少提到这一部分。关于第二部分伦理学，就是斯密在 1759 年出版的《道德情操论》这一本书的内容，该书将道德的起源归于同情心（sympathy）。至于第三部分法理学，就是坎南在 1896 年出版的《法理学讲义》，是斯密在 1763—1764 年的讲课内容，由正义、政策、岁入、军备和国家法五章所构成。其中的正义和国家法两章，大体上承继其恩师哈奇森的“自然法”讲义中的“私权”（private rights）和“政治”（politics），但政策、岁入和军备却在哈奇森的讲义中遍寻不着。不过，在哈奇森论私权的部分，有着“关于财货的价值或价格”（Concerning the Values or Price of Goods）这么一节，哈奇森在该节中论述物价涨跌的原因和货币的特质。根据坎南的这个说法，斯密最初将哈奇森的这部分以“政策”（Police）这个新题目讲授，这也是斯密与经济学最早接触。此后，斯密就越来越努力研究经济学，并逐渐扩展与充实这一章：论人类的欲望、讲述社会的分工、谈利息和贸易，再加入岁入和军备两章，并以这三章作为日后《原富》的基础。所以，斯密就是将法理学中的政策、岁入及军备三章予以扩大、充实，终而写出《原富》。

斯密与经济学

身为道德哲学家的斯密，为何会对经济产生兴趣并且深深投入其中呢？如上文所述，斯密终其一生的研究目的是想写一部完整的人类文化发展史，他在研究社会进化的事实中，发现古代与近代对于财富的观念有着巨大的差异。在古希腊罗马时代，财富被认为是使国民品性堕落的东西，因而被统治者极力排斥，如斯巴达立法排斥贵金属就被誉为“古代最完美的立法”。不过，近代国家的政策则完全相反，不但不崇尚节俭，而且想方设法唯恐不能增加国民财富。近代人民生活水平的提升，无一不是依赖日益增加的财富，而民众对于自由、独立的要求，当然是由于印刷术的发明促进了知识的进步以及普及。人民之所以能够获得印刷品，是因为他们的经济环境得到改善。

亚当·斯密深知财富的增加对于人民生活的重要性，因此他认为，对于人民最重要的不是他们参与立法与否的问题，也不是他们参与构成政权与否的问题，而是政策本身的问题。斯密识破能够增加财富的政策远比空虚的政治论对于人民的幸福更有直接的关系。斯密在研究文化发展史的过程中，发现财富对于人类文化的发展影响最大，从而引起了他对经济学的浓厚兴趣。

简而言之，亚当·斯密并不是一开始就有志于研究经济学的，而是偶然的机会使其钻研经济学，且最终致力于此而使自己留芳百世，这就像使徒保罗到大马士革，并非为了浴受耶稣基督的神光，而是因为偶然浴受圣光而发现了神的王国。斯密也是无法违逆命运的安排，自此沉浸于经济学研究，终而完成巨著《原富》。

从经济学在斯密思想体系中的地位以及斯密研究经济学的过程可以得知，“财富本身并非目的”，斯密认定财富不过是人类生活目的的一个手段而已。所以，斯密在认为财富对于人类文化生活影响极大后，才开始研究财富。如果我们说，研究财富对于一个打算撰写人类文化史著作的学者，对于一个研究自然神学、伦理学、法律学的学者，乃是必要的，也无不可！正统经济学将财富本身视为目的，是从边沁（Jeremy Bentham, 1748—1832）的功利主义入主后才有的；而对于斯密来说，财富只是生活的一种工具，而生活才是终极目的。

亚当·斯密是综合之才，他一方面把以前各个流派的思想兼容并蓄，另一方面又为后代学者提供了百般问题学说的端绪，其在经济思想史的地位，被比喻为“蓄水池”，多数河川注入其中，又从其流出，因而他被公认为“经济学的创建者”或“经济学始祖”。其实在近代经济思想史中，斯密被归为“古典学派”，该学派也由他创立。在近代经济思想史中，相关理论不是阐述或修正这一学派，就是对这一学派提出反对。在这个学派之前，至少有重商主义、重农学派的出现。

古典学派从亚当·斯密开始，代表人物还包括李嘉图（David Ricardo, 1772—1823）、马尔萨斯（Thomas Robert Malthus, 1766—1834）和密尔（John Stuart Mill, 1806—1873）。自1776年斯密的《原富》出版到1848年密尔的《经济学原理》发行的70余年是古典学派兴盛的时代。这个学派的每个学者在研究方法和个别学说上，都有他们自己的特色和主张；但他们有一个共同点，即决不以斯密的反对者或批判者自任，而是以继承者或集大成者自居，并且以遵守“自由经济”（自由交易）为原则。

影响斯密的主要人物

任何学者的思想都会受到当代和历史人物的影响，对亚当·斯密产生较大影响的人物，主要有如下几位。

一是托马斯·霍布斯（Thomas Hobbes）。霍布斯认为，处于自然状态中的人们，由于自私自利的本性驱使，在社会生活中必然会发生利益上的冲突。他表示："在没有一个共同权力使大家慑服的时候，人们便处于所谓的战争状态中，这种战争是每个人对每个人的战争。为了抑制这种战争状态的发生，社会就要有一个超乎社会的巨大力量，国家就是这种力量的化身。"

二是约翰·洛克（John Locke）。洛克主张公民在与政府签订契约时，并未放弃他们自己全部的自然权利，他们只是把部分权利出让给政府，自己还保持着那些政府不能干涉的权利。公民交出的那部分权利只是统一交给由一些人组成的议会，并因而建立议会制度的政府，即实行立法与行政两大职能分立的机制。行政服从议会，公民有控制议会的终极权利。必要时，公民可以收回自己交出的那部分权利，解散议会，再把权利交给另一些人，组建新的议会。

三是哈奇森。1729—1746年，哈奇森在格拉斯哥大学讲授道德哲学，斯密就在这段时期上了哈奇森的课。年轻好学的斯密在深受哈奇森的熏陶后，才开始向宇宙的一切睁开眼睛，这由斯密一说到格拉斯哥大学就必定提到哈奇森可以得到印证。斯密承接哈奇森对于自然秩序的乐观看法，但由于哈奇森在经济学研究方面属于重商主义者，因而，将自然法主义应用于经济，并提倡所谓自由放任主义理念的人是斯密。不过，是哈奇森引导斯密进入经济学领域，而斯密之后在格拉斯哥大学讲课的讲义项目也与哈奇森类似，因而可以说，斯密的学问是以哈奇森的讲义作为基础的，坎南也说斯密承接了哈奇森的“遗物”。不过，斯密并不满意哈奇森的伦理学说，他对哈奇森的“利己心”理论并不满意。

四是休谟。斯密和休谟的友谊始于斯密在格拉斯哥大学求学的时代，直至1776年休谟过世，他俩的友情都相当深厚，他们时常评论对方的著作。斯密在《原富》中常常提到休谟，并说休谟是“现代最杰出的哲学家和历史家”。斯密从休谟那里所领受的虽然是范围更大的一般哲学，但最明显的是休谟以“人性”（human nature）为研究经济学的出发点，以及采取历史的研究方法研究学问。休谟又着力说明劳动对生产财富的重要性，且不遗余力地攻击重商主义，主张自由贸易，因而斯密的自由主义受到了休谟的启发。但休谟仍有重商主义思想，因而一直到斯密，重商主义才完全被清洗干净，从而有主张彻底的自由放任主义理念的出现。

五是曼德维尔（Bernard de Mandeville）。曼德维尔出生在荷兰，后来到英国当医生，1705年出版《蜜蜂的寓言》（*The Fable of the Bees*）。这本书每次再版时内容都会有变动，到1755年出第九版时，该书成为当时道德上最重要的争论中心。书的内容包括一首讽刺诗和对诗的评论，诗不长，而评论占了绝大部分。这首诗说的是，有一个蜜蜂王国，国王住在金碧辉煌的宫殿里，女仆都穿着华丽的衣服，还有一大群银匠专门为国王打造金银器皿。表面上，这个王国一片繁荣，不过细看之后，却发现这个王国充斥着虚荣、自私、争名夺利、尔虞我诈。

突然有一天，这个王国的人要过一种全新的简朴生活。奢侈品都不要了，仆人也不要了，连银工匠也都被解雇了。所有人都被赶到乡下种田，可是哪有这么多地可供耕种呢？于是到处都是失业的人，王国一片凋敝，国力迅速衰弱，最后被邻国打败。

为何这个王国在讲究虚荣和奢侈的时候这么繁荣，而当崇尚简朴美德之后，却是民不聊生呢？因为爱慕虚荣的人喜欢消费，喜欢奢侈甚至浪费，消费者就跟傻瓜一样；因为什么东西都不愁卖不出去，不管有没有用，也不论贵贱，甚至越贵越有人买。既然东西只要生产出来就能卖掉，生产什么都赚钱，那么产品就会越来越多，人们也不会失业，节俭则正好相反。

曼德维尔说，我们总是被教育应该成为怎样的人，可是从来没有人告诉我们，我们实质上是什么样的人。他说人的本质就是追求虚荣、利己的动物，虚荣并非坏事，它可以增加自己和他人的利益。

曼德维尔反对性善说，肆无忌惮地指出人性的黑暗面，认为人都是依照不道德行动的，唯有这些不道德才是社会繁荣、进化的原动力，如果只普及利他的意念，社会必定毫无刺激，随之而死气沉沉，甚至国家也会崩溃灭亡。曼德维尔这本书被评为“空前邪恶的书”，斯密也把它批评得体无完肤，但斯密却以“利己心”代替曼德维尔的不道德，认为依利己心（或自利）所做的行为，其结果必能调和大家的幸福，也就是说斯密的“自利和公益相调和”这种见解似乎受到了曼德维尔的影响。而曼德维尔更认为，不道德的结果产生分工，并且已在使用“divided”“division”（分工）这些字眼。

六是当时持自由贸易说的学者。如达德利·诺思（Dudley North）、查尔斯·戴夫奈特（Charles Devenant）、久希·查尔德（Josiah Child）、尼古拉斯·巴彭（Nicholas Bardon）等人，他们攻击重商主义，倡导自由贸易。斯密的自由放任说深受他们的影响。

七是法国的重农学派学人魁奈和杜阁。关于魁奈对斯密的影响，我们可以从“魁奈如果不是在1774年就去世，斯密必会将《原富》送给他”中可见一斑，也可从斯密称赞重农学派是近乎真理的经济学说这一点得知一二。而杜阁的《关于财富的形成和分配的考察》一书也深深影响了斯密。坎南在1896年出版的《法理学讲义》的序文中也提到魁奈和杜阁的学说的确对斯密的思想产生了极大影响。一是以自然秩序（natural order）为论据的自然放任说，斯密在赴法之前就倡导自由放任，且已受哈奇森关于自然秩序的思想影响，但在自然秩序的论据上倡导自由放任，的确是受重农学派影响之后的事；二是关于分配的学说，斯密在格拉斯哥大学几乎未曾说过这个学说，而在《原富》中出现的主要问题之一却是分配论，所以这个问题似乎是在他漫游欧洲大陆时才提出的。重商主义的学人从来只注意不能消费的货币，直至重农学派出现，他们的代表人物才开始注重农产品，因为农产品是每年可以收获的，是每年要消费掉的，因而重农学派的学人才不把财富也视为一定的、固定的东西，而认为是每年可以生产的东西，当然这也是搞清楚“生产”这个概念的起点。生产是每年都有的（不断产生的），所以去年所生产的东西的去路就成问题，于是，他们才想到“分配”这个概念。重农学派从货币转向农产品这件事，在经济思想史上，开创一个了相当重要的新纪元。斯密必定是与他们接触之后，才得知年产（annual produce）和分配的观念。回国之后，斯密才在他的《原富》第一卷中插入了关于分配的学说。

总之，让斯密研究经济学的是哈奇森，而提出“分配”这个新概念的是重农学派。因此，斯密的自然秩序学说是承自哈奇森和重农学派，关于自由贸易是受休谟的影响，关于“利己心”的研究是受曼德维尔和休谟的启示。既然我们可将斯密的经济思想渊源一一寻出，那么斯密的创见究竟在哪里？其实，斯密并未把他从他人所受的启示原封不动地予以使用，那些材料在经过他处理之后，都得到了与他人的不同之处。斯密虽然从他人那里得到这些材料，但他却将这些材料予以化学处理，改造成了全新的东西。所以，斯密的经济学浑然成为一个整体，毫无模仿他人的地方。

斯密在经济学史上的贡献

亚当·斯密的经济学，究竟是哪一点比以往的经济学高明呢？在近代的国家成立时，政府为了壮大声势和进行对外战争，花费了大量费用。以往的战争是政府通过临时征召诸侯臣下的军队来发动的，但这样中断人民的生活不是办法，政府便逐渐设置了一定数量的常备军。战争方式也与中世纪大不相同，当时决定胜负的已不是英勇无畏的骑士，而是更精锐的武器，这使得政府的支出大为增加，且与日俱增。因此，只凭以往君主的特权所得以及诸侯的进贡等收入是大大不够的，于是便只有向国民征税这一途径。而要向国民征税，就得让国民的财富增加，于是，增加国民财富就成为政府的当务之急，而如何使国民增加财富也就成为近代国家的政策，这就是所谓“重商主义”。所以，经济政策是以征税为目的出发的，而经济学是从政府的税收政策产生的。

这种政策自中世纪末期至18世纪中叶前后共实行了约250年，经由这种政策，中世纪自给自足的自然经济才转变成了国民经济的形态。它是从政府财政上的打算出发，因而纵使在后期成为增加国民财富的手段，其本身似乎也具有相当独立的目的，但始终未能摆脱其出发点的色彩，于是财富也成为国家（政府）的财富。纵使也考虑了国民的财富，但这个国民不过是抽象化后个人集团的国民而已，至于实际民众（个人）的财富，却未予以考虑。

不过，政府的存在是民众生活不可或缺的，因此为维持政府的存在所必需的税收，对于民众来说是有意义的。然而，所有实行的政策都应该以民众生活为主，以政府为辅。若从来都是为满足政府之必需而制定一切政策的话，就很难保证它绝不会与民众的生活产生冲突，18 世纪的情况就是如此。所以，主张“财富是民众生活所必需”与“唯有财富才能提高文化生活”的人，必须将财富变成非政府的财富，也就是人民的财富才行。从经济政策上，把征税的目的洗涤干净；从经济学上，剥掉征税的政治色彩，从而使税收变成社会的财富，这就是亚当·斯密想要完成的工作。

斯密注重人民的生活，可由《原富》中看出端倪。他开宗明义地说：“对于每个国家来说，供应全国人民每年消费的生活必需品与便利品的根本来源是全体国民每年的劳动。”斯密在第四卷第八章中说：“消费是所有生产的唯一目的与意义，生产者的利益是应该受照顾的，但不该超过促进消费者利益所必需的程度。”这也是在批评重商主义者仅着眼于生产者的利益，却忽视消费者的利益，从而显示了斯密是如何重视消费（人民的生活）的。

斯密又在第四卷的序言中说：“政治经济学被视为政治家或立法者的一门科学，这门科学有两个目的。第一是要让人民有充裕的收入或生活物资，更确切地说，就是要让人民能够为自己提供充裕的收入或生活物资；第二是要让国家有充裕的收入支付各项公共服务的费用。简单地说，政治经济学是一门探讨如何裕民又富国的学问。”这很明白地说明了经济学是以人民生活为目的的，所以斯密把政府的收入置于次要位置。

对于斯密的经济学，一般都以自由放任主义看待，不过这绝不可以单纯地解释为“政府不得干涉经济现象（营运）”，而应解读为“企图将以政府为重的经济学转移至以人民生活为主、政府为辅的经济学”。为此，就必须让政府收回干预的手，于是出现了自由放任，政府不得干预的要求。19世纪末，政府干预再度抬头，出现了所谓“集体主义”。斯密的个人主义时代刚好置于中间，前面是重商主义时代，后面是集体主义时代，这两个时代都是政府干预频繁的时代。但在集体主义时代，政府干预是为了人民的生活，这是因为经过斯密的个人主义时代，确立了以人民为主的经济学。所以，经过斯密的个人主义时代，政府的干预虽然复活，但它的目的却与重商主义完全相反。

有人或许会问：斯密既然以人民的生活为目的，为何未曾倾全力于分配论？其实，斯密在“分工”和“不可见的手”的分析上，已经交由“市场机制”从事自然分配了！

因而，是亚当·斯密开始着眼于人民的生活，认识到了财富对于人民生活的重要性。以往的民众改造运动只埋首于政治组织的改造，以为这样就可以建设理想的社会；而斯密舍弃政治形式，注意其内容，他鉴于“物”的环境的重要性，开启了新局面，将社会生活和财富直接紧密联结，在此基础上倡导自由主义。

重商主义的经济理论只在国与国的贸易开放和保护主义间游走，完全未涉及内地经济活动。其对于所输出的物品怎样在内地生产、如何运到海港，所输入的物品到何处、如何消费掉等国内经济的相互关系都处理得不清不楚。重农学派对于财富循环的说明，才使世人知晓复杂的经济社会怎样才能有机地形成相互关联的密切关系，但重农学派只从农业这个狭小的管孔观察经济社会，其眼界受到限制。而斯密则站在高一层的地方，俯视广阔的平原，因而才能将复杂的经济社会，一望就抓住原貌。而且，斯密企图从混沌中发现能够推动整体的原动力，若他能抓住这一把钥匙，必定能形成统一的秩序理论。斯密将它求之于“人性”，并断定他是人的“利己心”，如此一来，经济学才开始成为一门科学。

此举的重要性，无论如何强调、大说特说，都不会夸大其词。对于自由的要求，我们也可以做同样的评价。英国很早就有争取自由的历史，但这只是英国人要求的自由，并不是人类共同要求的自由。自清教徒逃到美国后，自由才由神所赐予，才不可以用人为的力量剥夺，至此，自由才不仅是英国人的自由，而是天下人该要求的自由。从神与人之间的关系肯定自由时，自由就成为任何时代、任何国民都可以适用的原则，即赋予自由以普遍妥当性。同理，自斯密从人性出发研究经济学之后，经济学才被赋予普遍妥当性。在此之前，经济学只是适用于一定时代、一定地点的经纶之策，而以“人性如此”出发的经济学，只要对方是人，就可适用，即可用于任何时代、任何地点。所以，斯密为经济学赋予普遍妥当性，而普遍妥当性是作为科学所必须的前提，如此一来，经济学也就是科学了。如果人性研究是道德哲学家所要做的事，我们也就可以了解经济学的创建者亚当·斯密是大学的道德哲学教授的缘故了。

当然，人性的研究并非始于斯密，而经济现象的研究也早就有许多学人尝试，但从人性出发研究经济学的，却是始于斯密。斯密开始站在经济学和道德哲学的交叉点，把经济学构成一门系统的学问。休谟虽也曾站在这个交叉点上，但他未能予以充分阐释就去世了，斯密也就这样独揽了这个功绩。

斯密提出的利己心，后被边沁的心理享乐主义学说（Psychological Hedonism）阐释得更彻底，而且成为正统派经济学人生观的根基和立场的前提。19世纪下半叶，一方面，社会心理学认为人性是复杂的东西，而不是单纯的利己心；另一方面，理想主义者认为斯密的见解为自然科学，企图从别的立场来创建经济学。然而，无论如何，试图说明人类本身存在的复杂的经济现象的锁钥，将是永远不变的。斯密将经济现象的说明诉诸人性，犹如康德（Immanual Kant, 1724—1804）将眺望外面的目光转向里面，这也就是后人常把斯密与康德进行比较的原因。就这一点，斯密的地位不仅仅在个人主义经济学中，而且不管他是不是个人主义者，斯密都超越了一切学派，这也是他的第二个功绩。

以上指出了斯密把政治色彩从经济学中去掉，以及他使经济学成为一门名副其实的科学，这两个功绩都在《原富》这部经典名著中显现。1796年，克劳斯（C. T. Kraus）教授就说："世界未曾有过比《原富》更重要的图书，自《圣经》以来，没有出现过对于人类有如此伟大贡献的图书。"巴克尔（Henry Thomas Buckle, 1821—1862）也说："这一本书是以往所有图书中最重要的一本，它在确立政治原则这一点上做出的重大贡献居然只来自亚当·斯密这一个人。"这些话或许过于夸大，但斯密的划时代成就与功绩，在历史上实在是绝无仅有的。关于《原富》这部经典，下一章再详细介绍。

斯密经济思想的根基

在探究斯密的经济思想时，可以发现有两种不同的倾向流注他的思想：一为目的观，一为机械观。前者中最精练而且对近世历史有重大影响的，是关于自然秩序和自然法的思想——这两种思想从法国开始，在欧洲大陆兴盛。最先在经济思想上显现自然秩序和自然法的就是重农学派的学说。

重农学派相信神预先给宇宙判定一定的秩序，我们的第一项义务是，认识这个自然秩序是什么，而这种认识不能单靠观察外界事实，必须从“由衷的启示”（revelation）而来。我们的第二项义务是，在认识了自然秩序之后该如何使我们的生活能够适应它。人为的干预是有害无益的，这是自由放任（laissez）的由来。此种见解是重农学派立论的出发点，也是斯密毫无批判地予以接受的理论前提。重农学派只以自然所作用的农业为生产性的，其他的产业都是非生产性的。不过，重农学派学人也不仅仅抱持目的观，像以医为业的魁奈对自然科学的见解和研究财富循环的学说，就是最明显的机械观，但重农学派的学说毫无疑问是以目的观为主的。

上文已经提过，斯密关于自然秩序的思想是承自哈奇森的，但他并不那么单纯地就只以此作为自由放任的论据。他平心静气地研究经济学由古到今的发展过程，发现主要的经济制度都有政府干预，既有政治家又有立法者的政策，但唯自然（spont aneity）之势才使经济制度达到了今日的现状，比如作为生产最重要的部分——分工——就绝非以人类的知识，企图以此带来的社会一般的繁荣为目的的现状而想出来的，而是人性中的某种倾向，即是从人想要与他人交易的倾向，自然而然（必然）产生的。又比如货币，是起始于为了免于物品交易的不方便，聪明的人除了享受财货外，还准备某种交易财货，这也并非政府奖励其使用而起的。政府对于货币的干预是很久之后的事，而货币的渊源，我们应当将之归因于历代群众心理自然发展的结果。另外，资本是由每个人的储蓄逐渐累积而来，但人绝非以增加国内资本为目的来储蓄，而是为了改善个人的生活来储蓄。虽然不是为了国内资本的增加而储蓄，但个人储蓄却助长了国内资本的增加。这样的运作方式表明，经济制度绝不是按照当政者的意愿确立的，而是自然发展形成的。

我们再观察自然的运作，我们虽然没有去强求，但经济却得到了好的结果，这也就是需求与供给的关系，使财货的价值决定（停留）于“自然价格”上。当需要劳动力时，工资的上升使愿意参加劳动的人数增加。货币太多时，自然成为其流到国外的原因，这些都是不待政府的干预就自然出现的可喜结果。于是，经济制度的自发性（spontaneity）和恩惠（beneficience）之所以能出现这样自然的结果便终于得到解释的锁钥，那就是自己改善自己（个人）经济环境（生活环境）的各人的自然努力，也就是所谓的“利己心”。各人的利己心不必依靠他人或政府的劝诱，自然而然地就会成为经济繁荣进步的原动力，这是使经济制度发达的中心要素，而斯密所主张的“自由放任”的论据也在于此。

斯密提倡自由放任、采取乐观态度是根据事实的观察，绝非重农学派的“基于单纯的信仰”。所以，斯密的经济思想不仅具有机械观，也有很大成分的目的观，而使他超然于机械观上立论的终极源泉是自然神学。斯密是一个自然神论者（deist），他认为神是为人类的幸福而创造世界（宇宙）的，因此斯密乐观地认为，所有人必定能实现他们各自的幸福。《原富》中的“看不见的手”（invisible hand），就是斯密信仰的具体说明，这无非是说，是神的手在推动着每个人，使每个人去追求各自的幸福，而结果就会带来整个社会或全人类的幸福。

斯密的目的观不但显现在此学说的整体上，就是在说明原因、结果的机械观中也能看见，这是因果关系的说明，也是可加以规范之观念的例子。譬如，斯密用“本质或自然”（natural）这个词，除了有因果连接上“必要或必然该来”（necessary）的意思外，还可解释为他的理想不得不来的意思。另外，在有人为的力量破坏自然秩序时，只要撤走人为的力量就可恢复自然秩序，譬如相信自然的“恢复力”（《原富》第四卷第九章）也可视为目的观的表现。此外，有人指出，斯密在取舍历史材料时，也是以他自己的学说为准，不过这也是目的观使然。

斯密的目的观在《道德情操论》中最明显也最强烈，在坎南出版的《讲稿》里就稍稍弱化，而加上了对机械观的见解。到了《原富》，机械观更得势。因此，斯密的思想倾向是逐渐离开目的观，转而趋向机械观。不过，我们不能忘记目的观是推动斯密学说的要素，这是解释他的“利己心”的最关键之处。斯密的利己心与当今我们所说的“利己心”不同，它不过是神为实现人类的幸福所使用的手段而已。虽然意识到人只依其自己的利益而动，但从神的角度来说，这也应该加以抑制和辅以利他心。这无非是神把人的利己心当作一部机器来实现其增进人类全体幸福的意图(《原富》第四卷第二章)。

我们应该把斯密的利己心与他的目的观一起来思考才对，将他的利己心去掉目的观，只以利己心本身作为独立前提的，是日后学者的行为。必须强调的是，在斯密的思想里，目的观和机械观是并存的，直到马尔萨斯，目的观才逐渐黯淡，但尚未完全消失。到了受边沁影响的李嘉图时代之后，目的观才完全消失，但到密尔时，目的观又以别的姿态出现。从重农学派，再经由斯密到密尔的经济思想史，目的观和机械观的消长，是一个很有趣又值得研究的课题。

第三章

《原富》和《国富论》，分工和看不见的手

很多没学过经济学的人，都听过亚当·斯密这位现代经济学之父的大名；但学过经济学的人，却很少有人读过他的成名作《原富》。亚当·斯密在200多年前完成的这本巨著是否还值得21世纪的我们去看呢？当然值得。说得夸张一点，现代经济学也只不过是在阐释《原富》，而且许多基本的原理还没有《原富》说得明白呢！简单地说，现代经济理论的精华，《原富》里面几乎都讲到了。也就是说，200多年来关于经济学的浩如烟海的论述，相对于《原富》而言，也不过像是千变万化但却“逃不出如来佛手掌心的孙悟空”而已。现代经济理论可以说都是源自亚当·斯密在《原富》中的论点和见解，可以说就是为了证明他说的都是对的。亚当·斯密在《原富》里所表现的眼界和恢宏气度，可以说是无与伦比、历久弥新的。

亚当·斯密并非一开始就钻研经济学，但“有心栽花花不开，无心插柳柳成荫”，没想到1776年出版的《原富》这一部经典巨著，竟让他被尊为“经济学始祖”。

上一章已将斯密如何进入经济学领域及他写作这部经典的过程做了说明，本章则介绍该书如何进入中国以及该书的内容和影响。

史密斯 vs 斯密、《原富》vs《国富论》

Adam Smith 及 *The Wealth of Nations* 的中文译名，最早是由翻译大师严复（1854—1921）在 1902 年 10 月译出的，他将 Adam Smith 译为斯密亚丹[1]，将 *The Wealth of Nations* 译为《原富》，迄今“斯密”这个译名还是最常用的，而且不限于经济学界。不过，Smith 这个姓，一般大都以“史密斯”称之，而 Adam 则都称为“亚当”，“亚丹”很少人用，甚至几乎没人用了。至于《原富》这个书名，当 1968 年周宪文和张汉裕合译的《国富论》上、下册出版之后，也似乎被《国富论》取代了。

将 Adam Smith 译为亚当 · 史密斯或亚当 · 斯密随各人喜好，用哪个几乎都没有争议，但经典的“国富论”这个通俗译名却有值得商榷之处。严复所译的“原富”，是以文言文翻译，无新式标点符号，现代人想必难以读懂，但该书由南洋公学译书院出版发行后，梁启超（1873—1929）却大为称赞：“严氏于中学西学，皆为我国第一流人物。此书复经数年之心力，屡易其稿，然后出世，其精美更何待言！”何况严复又有“翻译大师”的美名，译作自然符合其自定义“信、达、雅”的标准，再者“原”在文言文中有“往上或往根源追究”的意思。所以，“原富”这个译名应该是很恰当的，也充分表达了原著的旨意，毕竟这个长长的原文书名，旨意就是“探索的本质及其肇因”，主角是“the

[1] 严复把姓氏 Smith 放在前面，并著有《斯密亚丹传》。——编者注

Wealth”，即“财富”，问题就在“谁的财富”。斯密明确指出是“Nations”，其中的关键点就是这个小小的“s”。

已故的自由经济学前辈、《自由中国》半月刊主笔夏道平先生（1907—1995）在 1988 年 10 月 10 日于《经济前瞻》上，撰写了《经济学者应注意的一个小小“s”》这篇短文，内容是由他写给某刊物文稿中提到的斯密的这部经典名著，他用严复的中文译名“原富”，却被编辑改为“国富论”所引发的感想。夏先生说他知道“国富论”这个中文译名在早年中国所有的版本中都用，但他不愿用它而乐于用“原富”。夏先生表示，从表面上看，这好像是一件很小很小的事情，但在观念上却会衍生对立的差异，以致在政策上可能带来严重的后果。而其中的问题就发生在原著的书名中的“Nations”这个词的尾巴是否受到重视。

夏先生郑重严肃地指出，这个小小的“s”之有无，关系到这本书所讲的是什么经济学：是国际主义的，还是国家主义的？这的确是个很重要的区别。夏先生说：

代表古典学派的亚当·斯密，失败于他的价值论；而他的伟大之处，在于方法论的个人主义，在于理想中的国际主义。因此，他排拒集体主义的思想方法，排拒国家主义的偏狭立场。所以，当他讨论财富问题的时候，他不以一国为本位（尽管他书中讲到的一些“事例”大都是英国的），而是着眼于多国。因此，他在书名上用的“Nations”是复数的。

因此，夏先生认为“原富”这个译名，虽未显示出那个小小“s”所蕴含的国际意义，但不至于被误解为经济国家主义。而用“国富论”这个译名中的“国”字，却可能有这种危险。这是因为汉语中的名词，其本身没有单数和复数之分。夏先生强调说，这不是他在咬文嚼字，也不能说他过于顾虑。事实上，当代各国的经济学者，尽管不会不知道李嘉图所发现的“比较利益法则”，但是，其中能够一贯地忠于知识，并使其含义和言论不为政治神话中的“国家”阴影所笼罩者，毕竟还是少数。

于是，夏先生在文末语重心长地说：

> 世界各国所采取的经济政策，几乎没有不是以邻为壑的，这也弄得自动调整的国际市场秩序经常陷于混乱，而且在混乱中的对策，不是苟且地牵萝补屋，就是荒唐地抱薪救火。20世纪两次世界大战的发生，仔细分析，即可看出是经济国家主义在作祟。基本的利益法则是没有国界的，如果它一时受阻于国界，其终极后果是使大家受害。

我非常认同夏先生的说法及疑虑，尤其对照当前的世界，各国都在从事货币战争，也在进行经济战争，新重商主义的“国家经济主义”弥漫全球，争权夺利、尔虞我诈的国际经济谈判司空见惯，自由贸易受到抹黑、嘲笑。2008年，诺贝尔经济学奖得主克鲁格曼（Paul R. Krugman）刚出道时，站在其“国际贸易”专业领域立场，大力针砭“经济国家主义”，对麻省理工学院的经济学家瑟罗（Lester C. Thurow）大力挞伐。瑟罗在 1992 年春出版的《世纪之争》（*Head to Head*）一书畅销全球的原因被克鲁格曼认为与该书副标题“一场即将来临的经济战争”密切相关，加上该书获得了当时的美国总统克林顿及许多有影响力的人士的支持，可见“经济战争”“国与国之间的经济战争”普遍受到认同。本来，将经济“竞争”比喻成“战争”是“非经济领域人士”的习惯，优胜劣汰的达尔文进化论也不适用于经济界，但瑟罗这位全球知名的经济学家竟带头鼓吹，这对亚当·斯密的经济学来说是一种反动。正如克鲁格曼所言：“对训练有素的经济学家来说，把国际贸易当作与军事敌对相似的战争的观点是非常奇怪的。”

不过，我们必须承认，现实世界是有许多贸易冲突和“策略性贸易政策”的事实，这也是各国政府决策者、商业领袖以及有影响力的知识分子的看法——这些重要的人士抱持“贸易是类似军事战争”的观点，他们基于自身的利益，对于“竞争是互利的道理”故意无视或全然无知，于是“商战”不但在舆论上占据绝对优势而流行，也表现在竞逐“国家竞争力”上，致使“贸易保护”成为常态。其实，这也正是重商主义者和新重商主义者的论点及主张，是亚当·斯密反对的，甚至要破除的。

所以，将斯密的这部经典用“国富论”这个中文译名，的确是有“一国本位”的味道的，而且与斯密的“多国”“全部国家”的本意相违背，因而夏先生的提醒也并非小题大做，我们应严肃辩正地看待这个问题。

虽然曾有学者争辩说，斯密当时所在的英国，拥有许多殖民地，因而斯密所指的多国还是只指英联邦。不过，纵使如此，一来“日不落国”几乎已经包括全球，二来它已不分本国、殖民地，都一视同仁。因此，既然斯密意在探寻财富的本质和起源，当然其中包含的对象就是诸多国家的人民，即如何让全球民众都能得到越来越多增进生活福祉的财富。

“国富论”这个译名的确容易被误导到“经济国家主义”，让各国的领导者及人民只顾自己国家的财富增长，于是在观念的错误引导下，衍生出“保护主义和保护政策”，而“以邻为壑”的不幸后果也就层出不穷。夏先生特别提醒我们注意：“20世纪两次世界大战的发生，在仔细分析后即可看出是经济国家主义在作祟。”

斯密的经典大作讲的是“分工合作”，由此引出的基本经济法则，也应该是没有国界的，一旦不幸受阻于国界，其终极后果是大家都受害。20年来，GATT（关税暨贸易总协议）、WTO（世界贸易组织）不断地推进自由贸易，“经济无国界”已是再熟悉不过的名词，民族国家在经济事务上似乎走到终点站，此时再回头检视斯密这部经典巨著的中文译本，确实更饶有趣味，也更令人感同身受！

那么，“国富论”这个中译名是不该再继续使用了，但选用什么译名较恰当呢？在没有更好的译名出现前，让我们回头使用伟大的翻译名家严复先生最先用的“原富”吧！这个译名虽未能点出“多国”“全球人民”的国际意义，但却传神地点出“财富起源”的原味，而且“富”未特指，自可适用多国。在此，我们也已见识到“文字、语言的魔力”以及“翻译的重要性”。

其实，文字、语言的威力在日常生活中时常可以见识到，其关乎文化、生活习惯是无可置疑的。近来，多所大学强迫用英文教学，院士们也曾倡言以英文写作和多用数学，“翻译”向来也都被视作难登大雅之堂的东西，更长期受学术界鄙视；因而趁此反省“原富”中译名的机会，可顺便呼吁民众以富于内涵的思考态度，严肃看待这些影响深远的课题。斯密这部经典的中译名由“原富”到“国富论”，虽和斯密的原意背离，但和现实世界却较为相符，也印证了人间向下沉沦，社会上充斥着争权夺利、冲突和敌对事件，甚至“人人为近敌”，而“国富论”的译名难免有推波助澜的作用。既然又有该部经典的重译版本上市（2000 年上册上市，2005 年下册上市），而且又是好友谢宗林主其事，他也是夏先生的知音，为何没趁机至少回到“原富”这个最初的较适当的译名呢？或许“国富论已经普及，换名就不被人知晓了”！但是，即使新出版的译本内容较能正确诠释斯密的原意，译笔也佳，较合乎“信、达、雅”，但厚厚两大册，现代人很难有耐心读完，何况如经济名家哈利·强森（Harry G. Johnson，1923—1977）1961 年 5 月在《美国经济评论》（*American Economic Review*）这本全球数一数二的经济学术期刊上发表的《25 年后的一般理论》这篇论文中所说的“大凡被称为经典名著，就是每个人都听过，却没人真正看过的书”，那真正读完的人就可谓少之又少了。如此一来，这个时代和未来时代的华人就可能被误导了，因而我觉得有必要多花一些篇幅将事情说清楚、讲明白，也盼望不要再用“国富论”这个译名了！

越陈越香的《原富》

正如哈利·强森教授所言，所谓经典名著就是“每个人都听过，却没人真正看过的书”。1978年领衔四位台大经济学系教授写作畅销基础经济学教科书《经济学——理论与实际》的台大经济学系退休教授张清溪在2000年为《原富》新中译本写“导读”，他说自己刚进台大经济学系就读时，就兴冲冲地到图书馆借《原富》英文原著，想一窥这个“经济学之父”的代表作，结果看来看去却看不懂。不久，他忙别的事就把它忘了。一别30年之后，他才认真重读《原富》，赫然发现斯密是在50岁时完成该巨著，正是张教授读它的年纪。张教授以台银经研室出版的经济学名著翻译丛书（上、下册）为基础，他只有在看不懂的地方才核对原文。张教授发现译本的问题很多，尤其是上册，于是兴起重译的念头。巧合的是，当时谢宗林在我向出版社推荐后，已着手翻译，张教授得知后很高兴，一来他可免除翻译的沉重工作，二来深庆得人。

张教授说他当时为了教学需要，看了不少经济类的翻译书，就以谢宗林主译的《不要命的自负》（*The Fatal Conceit: The Errors of Socialism*）[1]最让他满意。该书是1974年诺贝尔经济学奖得主之一哈耶克（F. A. Hayek, 1899—1992）的著作，而他的书一向以难读出名——读懂都不容易了，遑论翻译！由此可见谢

[1] 中国社会科学出版社出版的译本为《致命的自负》。——编者注

宗林的功力，也难怪张教授这么推崇谢宗林翻译的《原富》。谢宗林于2000年译出上册，2005年再译完下册，于是中国人可以通过方便地读中文，就明白斯密的经济思想精髓。值得一提的是，谢宗林退休后倾全力再将奥地利学派第三代掌门人米塞斯（Ludwig von Mises, 1881—1973）的不朽巨著《人的行为》（*Human Action*）[1]重新翻译，以做传世之宝，也是中国人的一大福音。

回过头来谈斯密的《原富》，张清溪教授自问："自从亚当·斯密的《原富》出版以来，200多年的经济学发展，照理说已将其精华纳入教科书中，为何还有必要重读原著？"他自问自答提出3个理由：

第一，它完成于现代经济学体系建立之前，立论的方法是从复杂的社会现象中归纳出经济学原理，我们可以从书中学习到这种观察社会的方法。这种学习方式与当代学生通过教科书进行系统的学习方式各有优劣。现代的学习方式有一套完整体系，可以大量节省时间，缺点则是很容易局限于这个体系内，跳不出既有的框架，难以看到体系外的风光。做过论文研究的人，常常有一个经验：要确定论文题目与立论观点，就需要从杂乱无章的现象、数据、思潮中理出"头绪"，这是做研究最困难、最费时的地方，当然也是做研究最珍贵的地方。当然，若有现代经济学的

[1] 海南出版社已引进此版本，也即将出版。——编者注

基础，又能开阔心胸、不执着地去重读经典，则会有更深的认识与体会。这里的重点是“不执着”，因为《原富》完成于1776年（也是美国独立那年），因此书中所说的“本世纪”，就是18世纪。我们看这部200多年前的书，要能尽量体谅当时的情景，不要先有批判的成见，才不会阻碍自己去了解作者的意思。若是能这样品尝，或许会发现亚当·斯密的地租理论比后来李嘉图的“差额地租”更宽广、更具启发性。我们最好还要知道，《原富》完成的18世纪中叶，正是欧洲流行海外探险殖民的年代，当时英国有东印度公司，而东印度公司与当时的商业同业公会是亚当·斯密经常批评的对象，因为政府赋予它们太多的特权。

第二，亚当·斯密的主张有些不被后人重视，例如“分工”。《原富》共有五卷，而第一卷第一章的标题就是“论分工”，之后三章分别是“论促成分工的原理”“分工受限于市场范围”与“论金钱的起源与应用”。在我近年来慢慢了解分工的重要性以及金钱（货币）对于分工、交易的价值之后，我对于亚当·斯密以“分工”来为《原富》这个经济发展理论破题的安排，简直是惊呆了。因为经济学的最终课题是“发展经济”，而“分工”正是经济发展的根源，是比科技、资本和制度更根本、更关键的因素。亚当·斯密一针见血指出分工的关键角色后，分工的观念虽然被人们接受了，但在整个汗牛充栋的经济理论著作中，它的地位却很边缘化，原因是在近代数理经济学中，分工不容易处理。幸好旅澳华人经济学家杨小凯与黄有光等人，特别是杨小凯，对此有极大的突破。其实，我对此的一点了解也得助于杨小凯在台大经济系客座中的讲学。

第三，我们从《原富》中除了寻找西方社会科学的根源外，还可以把它当作经济学史来学习，特别是第三卷。亚当·斯密分析任何问题，几乎都从“原始”社会的历史变化开始陈述，以解释经济意义。他对社会现象的经济内涵有着非比寻常的洞察力，很多我们看似稀松平常的现象，他都可以洞察其中代表的社会意义，特别是经济发展的特殊内涵。整部《原富》就是在分析经济发展，因此读者要印证各个论点与经济增长的关系（如价格机制如何促进经济增长），就需要自己细细体会了。正因为亚当·斯密的这种洞察力，我们迄今还可以经常看到，许多极有名的经济学者在不时地引用《原富》的词句。

张清溪教授在2005年为《原富》下册最新中译本写“导读”时，再以“陈年佳酿，历久弥香”为题，继续加码强调现代人为何应该读《原富》，他是这样写的：

很多没念过经济学的人，都听过亚当·斯密这位现代经济学之父的大名；但念过经济学的人，却很少有人读过他的成名作《原富》。亚当·斯密在230多年前完成的这部巨著是否还值得21世纪的我们去看呢？当然值得。说得夸张一点，现代经济学也只不过在阐释《原富》，而且许多基本的原理还没有《原富》说得明白呢！简单地说，现代经济理论的精华，《原富》里面几乎都讲到了。也就是说，200多年来关于经济学的汗牛充栋的论述，相对于《原富》而言，也不过像是千变万化但却“逃不出如来佛手掌心的孙悟空”而已。现代经济理论可以说都是源自亚当·斯密在《原富》中的论点和见解，可以说就是为了证明他说的都是对的。亚当·斯密在《原富》里所表现的眼界和恢宏气度，可以说是无与伦比、历久弥新的。

《原富》不像一般人所想的，是字字艰涩难懂的说教。相反，里面有很丰富的背景故事，令人不得不惊叹亚当·斯密真的是学富五车、独具慧眼的“社会观察家”。他讲故事的本事高超，对中国、印度、古希腊、罗马……从古到今，上至王公贵族、下至平民百姓的“琐事”如数家珍。

从经济学术著作来说，《原富》还能使现代经济学术界深深地进行反思。真正好的经济著作或理论，应该源自对于实务的精辟观察；真正的经济论述方法，应该不是推导一些公式，利用繁杂的数学技巧得到一个再简单不过的结论。千秋万世后，真正传世的经济著作还是像《原富》这样的著作。

另外值得一提的是，《原富》在文辞、文章结构上都很出色。这也是现在的“经济论文”所无法比拟的。这些也值得当代经济学者好好地品味、思索。

过去看《原富》的人少，还有一个原因是没有好的译本，这个问题在这里得到了很好的疏解。看这本译著，简直就像看小说般轻松自在，但它却是一本像《史记》般的超凡巨著。本书译者谢宗林先生是翻译《原富》的不二人选。现在，我们已经没有不看《原富》的借口了。

张教授说的没错，现代人已经没有不看《原富》的借口了，因为不但“万事皆备”，连“东风”也不欠！回想40多年前就读台大经济学系时，我是由张汉裕（1913—1998）教授的“经济思想史”这门课，和他写作的《西洋经济思想史概要》来认识亚当·斯密和《原富》的。开口闭口都是斯密的张汉裕教授，对斯密推崇备至，对斯密的思想理论更是如数家珍，俨然是“亚当·斯密专家”。他不但在1968年参与《原富》下册的翻译，也将《原富》推介给著名的大同公司董事长林挺生（1919—2006）先生，听说林董事长在其创建的大同工学院还亲自教授该书，只是不知该校（1999年改名“大同大学”）现今是否还继续教授《原富》？倒是张清溪教授多年来都将《原富》作为台大课堂读本（名著选读），还曾在台湾师大与非经济学本科的学子共同研读呢！

张汉裕教授非常重视“伦理道德”，想必是深受亚当·斯密的熏陶。记得在1997年台湾社科所主办的“第一届家庭与社会资源分配研讨会”中，我和谢宗林合作发表的《家庭伦理、市场伦理与“社会安全”》一文，就受到张汉裕教授的青睐，他特别邀请我们到台大经研所他所开授的研讨课上发表演讲，以供研究生研讨。我们未能就文章的精要做出说明，而是扯到经济学的发展，这引发了张教授的训斥，他说我们言不及义，没有就“伦理”这个主题剖析。张教授也曾在1983年“中国经济学会”的年会中，以“亚当·斯密《原富》的国民收入测量标准论”为题发表专题演讲，以纪念《原富》终版出版200年，足见其对《原富》探究之深！他指出，斯密确认劳动是“普遍共同、真实本质、正确不变”的价值尺度，而斯密对价值尺度标准的研究，目的不仅仅是对价格形成的阐明，更重要的是在寻求“不同国度、诸种进化阶段”的财富、收入福祉的衡量比较标准。他也指出，斯密的学问涵盖了伦理、文化学科，因而他在后来专注于经济领域时也时刻不忘以活生生的“人”为研究对象。

利己心、自私、利他、利己利人或利人利己

当今的基础经济学教科书，开宗明义几乎都由“人的欲望无穷，资源有限”开始，强调人的“自利”，人们也认为这些都源自亚当·斯密。而斯密的《原富》1937 年英文版的第 14 页这样写着：

我们每天有吃有喝，并非由于肉商、酒商或是面包商的仁心善行，而是由于他们关心自己的利益。我们诉诸他们自利的心态而非人道精神，我们不会向他们诉说我们多么匮乏、可怜，而只说他们会得到什么好处。

在这一小段文字中，斯密一针见血地将“自利”的现代人的人性勾勒得甚为传神。从此以后几乎在所有经济学的讨论里，都假定“自利行为”的存在，但往往忽略或排斥利他行为。也正是因为这样，许多社会学者和心理学家，以及马克思主义者和社会主义者，都认为经济自由哲学所假设的人的行为模型有缺陷，于是拒绝接受。不过，亚当·斯密的《道德情操论》1853 年版本的第 321 页中，有这样的叙述：

每一个人都更明显地感觉到他自己的快乐与痛苦，甚于感觉到他人的快乐与痛苦……在他之后，他的家庭成员，那些通常和他生活在同一屋子里的人，包括他的父母、他的小孩、他的兄

弟姊妹，自然是他最温暖的情感对象。他们自然是，而且通常也是，对其幸福与否，对他的作为必定最有影响的那些人。

这里所描述的，是“个人”在家庭里具有“利他性”。所谓利他，是指某一个人的行为结果对“他人”有利，如此，上文引述的肉商等不是都有极强的利他效果吗？所以，对“利己”“利他”的争论，关键点应在“人心的主观意志”且无所求，或者说行为人是否自愿、油然而生且不求回报。对于自己，“自利”甚至“自私自利”求取自身幸福，都不可能是被迫的，对于家人、亲戚朋友，甚至是自己喜欢的人，出自内心的主动利他也应该是很自然的事。不过，对于众多的陌生人，我们可能会主动而不计代价地利他吗？虽然我们希望人人都有博爱、利他心，但当回归现实人间时，却是让人失望的。

“人不为己，天诛地灭”几乎是现代人的座右铭，尽管大家都批评自私自利，但现实却是如此，于是学者们转而探究自利行为。闻名全球的产权名家张五常教授认为，自利行为可从三个角度体会：一是利己的行为也可以利他，这在上引的斯密名言里已经明示；二是“自私是会损人利己的”，这与科斯（Ronald Coase, 1910—2013，1991 年诺贝尔经济学奖得主）的“交易成本”（transaction cost）关系密切；三是反问“假若人是不自私的，社会得到什么好处”，如果人是不自私的，人与人之间的交易成本会大减，甚至没有，那么人类福祉会提升，甚至人间会变成天堂。只是“无私”这种境界只在乌托邦或天堂，人间却是处处充斥着自私自利，那就只能承认此事实，并在此现实下看如何才能获益。

张五常教授就曾对自利行为进行了观察，他在 1984 年 2 月 14 日发表了短文《自私对社会的贡献》，描述自私自利对社会有利也有害，但不是利害参半，而是利大于害。他深知读者不会同意这种说法，于是以大发明家爱迪生（Thomas Alva Edison，1847—1931）为例证明。我们应该都同意，爱迪生对人类有莫大的贡献。记得就读小学时就被灌输爱迪生是位伟人，为了研究可以废寝忘食，是一位无私、品德高尚的人物。但张教授说他在 1974—1977 年，曾因从事研究有关发明专利权的经济问题，搜集了很多资料，其中对有关爱迪生的部分，他特别留意，因为他也是自小就被老师耳提面命应效法爱迪生的伟大、无私，为社会贡献。张教授在看过有关资料后，下评语说：爱迪生的“伟大”是对的，但“无私”却是谎话。他发现，像爱迪生一样自私的人是世界少有的。爱迪生从不捐钱，对工人苛刻至极，对于自己认为无利可图的发明，一概不理；但认为有商业价值的，就大量投资，并日夜督促下属工作。

张教授说，爱迪生对专利权的重视也是少见，在每次觉得外人可能盗用他的发明时，他就诉诸法律。如此一来，爱迪生的发明纵然是价值连城，他死时却不富有，因为他打的官司实在太多了。张教授说，有人做过统计，认为爱迪生所花的律师费用超过了他发明专利权所得到的收入，不过，这样的结果也可以说是爱迪生将财富分享给了律师。可惜的是，律师也属于高收入人群！

张教授举爱迪生这个典型的“自私者”对社会有巨大贡献来印证“自私对社会有益”的论点，与上文提及的亚当·斯密在《原富》里所陈述的论调异曲同工，都支持“我们在市场能买到所需的货品，可不是由于供应者的仁慈之心，而是因为他们要赚钱自利”。于是，一直以来，在主流经济学中不论哪个流派，都将“自利心”作为“人的行为”准则。不过，我们换个角度、拉高层次想一想，包括爱迪生在内，如果拥有“利他心”，岂不是能发明更多更好的且有益于众人的新事物？若各行各业的生产者，都能以“爱心”“善心”生产物品，岂不让消费者更喜爱？报酬怎不会滚滚而来？而且大伙儿在生产时也充满和谐、欢乐的气氛，而宝贵的生产资源也会被惜用，当今所谓科技新贵“过劳死”、生活紧张忙碌、压力过重的种种毛病不就不会存在了吗？有没有这种“无私”典范呢？有！另一位闻名全球、更受敬重的伟大科学家爱因斯坦（Albert Einstein, 1879—1955）就是这样一个人。

话说1930年，美国百货业巨子路易斯（Louis Bamberger）和其妹出资请教育家亚伯拉罕·弗勒斯纳（Abraham Flexner）帮忙建立一个新的科学研究所。弗勒斯纳觉得美国一般的研究所已有许多，于是建议创办一个新型的高级研究机构，聘请世界一流的学者做研究，让这些研究者有百分之百的独立与自由，没有任何教学、行政任务，要做什么研究也由研究者自行决定，研究所只负责提供足够的经费。这个研究机构就是后来著名的普林斯顿高级研究所。

有人向弗勒斯纳建议聘请1921年诺贝尔物理学奖得主爱因斯坦，弗勒斯纳抱着姑且一试的心理，亲赴加州理工学院，当面向在该处讲学的爱因斯坦介绍该研究所，爱因斯坦很感兴趣，于1933年接受邀请。弗勒斯纳连忙问爱因斯坦有何要求，爱因斯坦只提出了两个要求：一是必须接受他的助手迈耶尔且给予正式职位；二是他个人年薪只要3 000美元，而且“若在普林斯顿一年生活不需3 000美元，薪水还可以再低”。对于这两个要求，弗勒斯纳颇感为难：第一个要求完全没问题，但第二个要求却完全违背常理，一般人往往是“多多益善”，能得到的报酬是越多越好，怎么会有人反其道而行之呢？弗勒斯纳苦恼，不只是觉得这样的低薪实在是亏待爱因斯坦，而且对其他研究者又该如何比照呢？于是一次又一次要求爱因斯坦提高薪水，到最后几乎是用恳求的语气才好不容易说服爱因斯坦接受16 000美元的年薪。3 000美元和16 000美元相差5倍多，可见爱因斯坦要求3 000美元以下的年薪有多么低，而这就是爱因斯坦日常生活中的态度，他觉得用这个数目的金钱已能好好过日子，这也可以看出爱因斯坦的生活是何等俭朴、简单。爱迪生和爱因斯坦都对人类社会有大贡献，但一个“自私自利”，一个“无私利他”，终究都造成“既利己又利他”的效果，这也就引出了一个问题：是先利己再利他呢？还是先利他而后利己呢？学者们曾有过争辩。在1993年4月10日的《经济前瞻》双月刊中，王京明和张清溪就以“利己、利他，孰先”为题写文章做过辩论。

王京明引用老子《道德经》第七章“天长地久。天地所以能长且久，以其不自生，故能长生。是以圣人后其身而身先，外其身而身存。非以其无私邪，故能成其私”作为“唯有透过无私（不自生）的看法，到最后才能真正成就每一个人的私利”的佐证，并且进一步引申出“先要求每个人放弃自私自利的心，如此到头来，反能成就每个人的私”的结论。而为了永续发展，“无私”还应该普及到万事万物。我们知道，无私正是利他的最高情怀呢！

张清溪则直截了当地认为“因‘有私’故成其‘无私’”，他把世人所说的“市场失灵”的根源归为“无私”。如果真要解决所谓的市场失灵，把原来无私的东西指定给特定的个人，那么使其成为“有私（如私有财产）”才是根本之道。在没有任何公有物（或无市场）下，拥有者需自负盈亏，会将财产最有效率地使用，使社会总福利达到最大。张清溪推而展之，认为当代内、世代间、人与其他生物、人与“无生物”之间的关系，也应是对万事万物的有私，也只有这样才能成就当代、世代、人类与周边环境的无私。当然，若能彻底将人类“洗脑”，洗掉他们的“自私”天性，是可做到对万事万物的无私的，但那已不是“人的世界”，而且也无所谓“成其私”，因为根本就没有“私”嘛！

其实，两位教授的论点并无差异，都认为“无私”是好的，只是张教授务实地承认当今世人是“自私”的，且是“天性”，也就是无法改变的；但王京明抱持自私是可去除因而导向无私的信念。不过，可以确定的是，他们都没谈到自私是否会“损人利己”，或者自利和自私是否相同，甚至自私自利是否会导致“贪婪”，他们似乎都站在“不害人”的基点立论。如此，是否“利己利人”或“利人利己”就不必加以讨论了呢？

再回到前面引用的亚当·斯密的那一段话，说的是“自利心”和“爱自己的心”，后人却将之解释为“自私贪婪”，但斯密说的是“交换东西或买卖时，对我有利，对你也有利”，基本上是“利己利人”的概念，和“自私贪婪”这种“利己不利人”或“损人利己”的概念是天差地别的。而且，斯密本人绝非自私贪婪者，他把收入悄悄捐给慈善机构，自己的生活过得相当俭朴，其开销除了用来请朋友吃简单的晚餐外，就是维持他小而美的图书馆，因而把斯密的“自利”解释成“自私贪婪”，是对他最大的歪曲！

看不见的手、市场机制

《原富》旨在探讨“财富的本质”和“如何创造财富或财富的成因”，亚当·斯密给的答案是“劳动分工的发展是国家富起来的原因，而市场这只看不见的手是协调和促进分工的有效手段”。这是迈向理解亚当·斯密经济思维的一个关键，而了解“看不见的手”更是关键中的关键。在《原富》里，“看不见的手”或“无形之手”（an invisible hand）这个说法只出现过一次（第四卷第二章第九小段），只是它所代表的政经分析原则的一次应用。在《原富》第一卷第一章和第二章，表面上“看不见的手”这个说法虽然没出现，但它所代表的分析原则却得到了较周全的论述。如果不知道此一分析原则，那么整本《原富》读起来趣味便会失去大半。值得一提的是，它也是哈耶克经济哲学的核心，而哈耶克中年以后的绝大部分著作也可以说都在阐述该分析原则。

亚当·斯密在《原富》的第四卷应用这一分析原则，讨论了几种当时流行的经济政策哲学，其中，第二章（论国内能生产的货物从外国输入的限制）剖析了贸易干预的弊端，进而鼓吹自由贸易。他说：

目前以高关税或禁止输入等手段，让某些国内产业享有垄断利益的情形非常普遍……这些政策虽然鼓励了特定的产业，但它们既不会增加一般产业的生产量，也不见得会引导产业往最有利的方向发展……政府对贸易施以管理，不可能使社会的一般产出增加到超过社会所有资本所能适应的限度。贸易政策只不过使一部分资本转向一个若无该政策干预就不会投入的方向。政策着意引导的投资方向绝不会一定比资本自动投入的方向对社会更有利……每个人都不断努力为自己所能支配的资本寻觅最有利的用途……而每个社会的收入，一定刚好等于其全部产业每年产出物可以交换的价值……

由于每个人都会尽其所能，运用其资本在国内（熟悉的环境）发展事业，而且也都会竭尽所能地经营，务求其事业具有最高的价值。结果等于是，每个人都在自然而然地竭力使社会的年收入达到最高限度。一般来说，私人诚然不是有意要增加公众的利益，而且也不知道自己增加了多少公众的利益……在这里，就像其他许多场合一样，他被一只自己看不见的手引导，达到了一个自己意图之外的目的。

私人虽然没有把这个目的放在心上，但社会全体成员并不因此而较少获益。透过追求自己的利益，私人往往比其真想促进社会公益时，还更有效地促进了社会公益……个人的资本究竟能应用到哪一种国内产业？应该怎样运用才可能获得最大价值的产出？关于这个问题，每个人在各自熟悉的状况下，自己做出的判断显然会比任何政治家或立法者所能替他做的判断要来得更好。如果政治家企图指导人们该如何运用他们的资本，则他们不会放心地将之托付给任何单一的个人或机构，即使托付给枢密院或元老院，也会令他们不安。这一项权威如果落入一位大胆荒唐甚至自以为有资格行使它的人士手中，那就再危险不过了。

在前面那段散文式的论述里，绝大多数的主流新古典经济学者，似乎只对自利行为、产品交换价值和某种社会最大利益之间的特殊联系感到好奇。对于最后几句关于“资本如何使用，由谁来做判断最有利”的警语，他们似乎不大感兴趣。他们似乎认为，那只是亚当·斯密个人在鼓吹自由贸易的立场所提出的一个特殊见解而已，不是普遍的分析基础。他们或者认为，亚当·斯密的警告只适用于政治权威，不适用于所谓社会科学家所代表的知识权威（也许是因为后者被认为是比较客观、公正又比较有学问的人）。若非如此，对新古典经济学相当感冒（但又未能完全舍弃新古典思维）的科斯也许就不会被误导，乃至觉得“《原富》的主要命题是，经济体系没有政府管理或中央统一计划，也可以有秩序地运行。价格系统（这只‘看不见的手’）能协调经济活动，而且还能产生对整个经济有利的结果。经济学界在《原富》出版后的一个主要工作……便是将亚当·斯密的这个命题形式逻辑化”。

其实，这是对亚当·斯密的一个曲解。《原富》里不涉及有“经济体系没有政府管理或中央统一计划，也可以有秩序地运行”这个命题，而政府管理或中央统一计划是指无法取代自发形成的市场秩序的那些常规与惯例。要了解这一点，必须先对“看不见的手”有较深入的领悟。

亚当·斯密的用语“看不见的手”不仅仅针对价格系统，它还是社会现象的一个分析通则（a general approach to the study of society）。现代大多数的经济学者只知道亚当·斯密因著有《原富》一书，而被奉为伟大的经济学家，进而成为“经济学始祖”，却不知道他也是18世纪英国一位极重要的伦理学家和法理学家。他的第一本名著是《道德情操论》，他毕生的志业原本是想以《道德情操论》为基础，完成一本也许会被称作《自然法理学》的著作。《原富》的部分草稿原本是他未完成的法理学著作的一部分。换言之，他的经济学是他伦理哲学思想的一个引申。这个哲学思想的主要旨趣是，“把社会的起源，追溯到若干最简单而普遍的构成原理，把几乎所有过去被认为是人为刻意制定的各种制度归结为人们的行为依循若干浅显的原则自然而然导致的结果。它指出，最复杂且表面上看起来是人为造作的种种政策设计，其实也许不需要花费多少谋略巧思或政治智慧”。

我们如果把前述的评语，拿来和《原富》第一卷第二章“论促成分工的原则”（Of the Principle Which Gives Occasion to the Division of Labour）开头的几句话对照，应该很容易看出两者完全契合。在那里，亚当·斯密说：“产生上述许多利益的分工形态本不是任何人类智慧的结果，即不是哪一个人预见并且着意追求它所带来的富裕才从事分工的。虽然它的发展过程是非常缓慢渐进的，但它的发展却是必然的。分工是人类相互以物易物的行为倾向发展的必然结果，人类虽然有这种倾向，但没有料到分工会具有如此广泛的功效。”相对于人为刻意造作的东西具有“明显的主观意图”，像分工这种“意想之外的”社会（或互动）行为秩序则可以说是人类宛如被一只“看不见的手”引导促成的。亚当·斯密创造著名的“看不见的手”，确实是用来表达“势所必至”（necessary）和“非主观意愿所能左右”（independent of subjective wishes）的情况发展的。哈耶克将意想之外的行为秩序称作“自发的秩序”（Spontaneous Order），它是人们在事实上（不是挂在嘴巴上）遵循了某些抽象而普遍的行为原则（abstract and universal rules of conduct），而于无意间造成的结果（result of human action but not of human design）。

如上所述，“看不见的手”是一个社会分析的原理，它的适用对象是自发的行为秩序。亚当·斯密应用这个原理研究市场和分工对象所获得的伟大科学成就就在于，他看出了在不断延伸扩大的（ever extending and expanding）经济活动秩序形成过程中，产品交换价格的重要意义。利用产品交换价格所提示的抽象信息，人们最能够突破个别知见范围狭隘的限制，进而能够为许多知见范围外的人类提供有用的服务，满足他们的生活需要；同时也能够利用他们的技能，增进自己的福祉。

我们必须注意，产品交换价格在此被称为“抽象信息”，有两个用意。第一，交换价格不是产品本身具有的物理性质，物理性质不同的产品也许有相同的交换价格；第二，在许多人之间流行的交换价格，是他们个别的需求与能力的一项综合指标，这个指数不变，并不表示他们个别的需求与能力也不变，即知道这个指标，绝不表示知道其背后的具体需求与能力分布。事实上，和个人只限于对亲眼看见或亲耳听到的需求与能力做出回应的原始部落谋生方式相比，凭借大商业中心致富的那些文明常规与惯例可以使每个人更有益于他人。当然，那些商业文明的常规与惯例也大多是“因为人们的行为遵循了若干浅显的原则，而必然且自然而然导致的结果”，即使是“最复杂且表面上看起来是人为造作的种种政治策略设计，其实也许不需要花费多少谋略巧思或政治智慧”。政府管理或中央统一计划无法取代这些常规与惯例，以及人们依循它们互动所产生的价格信息，因为在人们按照这样产生的价格信息一再自我调适而自发形成的整个经济活动秩序中所涵盖的变量之多和其间关系之复杂绝对不是任何人类智能和知识能力足以考察周全的。

在市场自发秩序里，人们需要价格的指引，因为每个人能掌握的具体供需资料是非常有限的。具体数据，不管是自然资源、人力资源还是个人偏好方面的资料，都无法全盘掌握，这不仅是在市场经济秩序中谋生的众人永远无法摆脱的事实，同样也是研究该种秩序的学者绝对无法超越的限制。新古典经济学者和亚当·斯密（以及哈耶克）经济思维的分水岭就在于，前者逾越了人智的分际，僭拟了超人的能力，甚至把假设的知识当作真知。所谓的“资源分配问题”就是一个显著的例证。“在给定生产力和资源稀缺性条件下，研究各种产品的相对（交换）比例如何在市场上决定”这样的研究取向，把原本是因果关系的经济理论问题扭曲成数理逻辑问题，而对于这微妙的“扭曲”，不够敏感的大多数实证经济学者，则陷入了一个更大的思想矛盾而不自知。

这个矛盾就是，经济学者一方面似乎相信经济体系没有政府管理或中央统一计划也可以有秩序地运行，价格系统（这只“看不见的手”）能协调经济活动，而且还能产生对整个经济有利的结果，即似乎相信“看不见的手”。但另一方面，他的所作所为却又清楚地透露，自己企图算出协调经济活动的市场价格，以便取代那只“看不见的手”，即他只在嘴巴上相信“看不见的手”。作为主流的新古典经济学家和当代经济学家，都忽视或不了解亚当·斯密所指涉的“人”，他是活生生、有血有肉、有灵魂、有主观价值判断的“行为人”，无法“标准化”，恰恰奥地利学派学者就抓准了这点。研究奥地利学派理论的已故自由经济学前辈夏道平先生就此做了清晰的诠释，他在 1989 年 3 月为我的《经济学的天空 —— 一位经济学徒的管窥面》这本书所写的序言“经济学家的思路”中就这样写着：

1.“经济学是人的行为学的一部分”，我想这该是大家都承认的一句话。但是，问题的发生在于这句话中的那个“人”字的正确概念，没有被所有学经济学的人时时刻刻紧紧把握住。经济学家所必须了解的“人”，与生物学家或动物学家心目中的“人”不一样。经济学家虽也知道“人”具有一般动物的欲望、冲动和本能的反应，但更重要的是，“人”还具有异于禽兽的意志、理念和逻辑思考。这是人之所以为人的一大特征。

2. 人的欲望是会自我繁殖、不断增多的，而其满足却要受到外在的种种限制。于是，在满足要求的过程中，他不得不有所选择。选择，是出于不得已；选择什么，则又力求自由。这就是说：人并非生而自由，但却具有争取自由的本性。

3. 由于人性中有上述特征，所以在漫长的演进过程中，人渐渐学习了争取个人自由的适当方法。这个方法是要不妨害别人也能争取，否则终会妨害到自己的自由。这个认识，截至现在，虽然还不是人人都有，更不是人人所认知的深度都一样，但可以确信的是，只有“人”才会在个别自觉的互动中，形成分工合作而日益扩大的社会（不同于出自本能的蜂蚁社会）。

4. 人类社会的形成与扩大，是由于人的自觉行为的互动。“互动”的“互”字显示出主词的“人”是指多数，而且多得说不出他们是谁，绝不是少数几个人，更不是像孟轲所称为“独夫”那样的一个人。其互动也是在其独特的环境，各凭其独特的零碎知识而行为，而互动绝不是靠一个人或少数人的设计、规划、指挥或命令而组织的“团队”行为。

5. 非团队行为的行为不正是有些人所说的无政府的混乱状态吗？这在事实上却完全相反。因为团队的行为是受制于这个团队主宰者个人的知识，即令他有所谓的“智囊团”的帮助，也只是有限的少数人。至于分散在社会上无数个人的知识，个别地看来是零碎的、琐碎的，甚至是微不足道的，这当然也不能与任何专家的系统知识相提并论。但是，那些散在社会的知识总和，却不是任何一个人或一个集团的知识所能摄取其万一的，即使在将来更高科技时代的计算机也不能纳入那些知识的总和。这种非团队行为的行为不仅未造成混乱，反而是分工合作的社会所赖以达成和扩大的基础。用亚当·斯密的话讲，这是“看不见的手”的作用；用哈耶克的话讲，是“自发的社会秩序”。

6. 重视“看不见的手”，并不意含排斥“看得见的手”；尊重“自发的社会秩序”，并不意含排斥“法制的社会秩序”。我们用“重视”“尊重”这样的字眼，是要强调“看得见的手”不应牵制或阻碍“看不见的手”的运作，而是“看得见的手”只能为“看不见的手”清除障碍，使其运作顺畅无阻；是要强调法制的社会秩序不应干扰或搅乱自发的社会秩序，只要提供一个有利于后者得以保持活力而无僵化之虞的架构。

7. 如果我们把上述的5、6 两点引用到经济领域，那就是自由市场与政府之间的关系问题。自由市场就是第5点所谓自发社会秩序的一部分。政府就是第6点所讲的法制的社会秩序的建立者。政府与市场之间的关系，必须像第6点所讲的那样，前者对于后者的运作，只可维护或给予便利，不得有所干扰或阻挠。

夏先生认为有这样的基本认识，才算是成为经济学家的正路，才能有望成为“真正的经济学家”，当今的所谓经济学家，绝大多数是“经济工程师”，甚至还有的是“特定经济利益发言人”。夏先生又说：

经济工程师是怎样的人？他们在干什么呢？工程师被冠以“经济”二字，顾名思义，我们就能想象：他的专业是在把公共经济事务的处理当作一项工程来做。他无视至少是轻视了公共经济事务是千千万万的行为人、林林总总的主观意志表象。各个人的主观意志毕竟不同于既定的、客观的存在，不是可以规格化的物料。工程师的专业是在利用工程学的知识，就这样的一些物料预先制作一个模型（或出自自己的创意，或遵照业主的愿望），然后按这个模型来建造一座壮观的庙堂，或一套精密的机器，或一条高速公路。由于所建造的东西不同，所以有建筑工程师、机械工程师、土木工程师这些不同的称谓，尽管称谓不同，但他们同样地都是利用一些无生命、无意志的物料，制作他们预先设计好的东西。至于被冠以“经济”二字的经济工程师，则是搬弄一些经济学名词，以工程师的心态和工程师的技巧，来处理活生生的人的行为所形成的公共经济事务。

至于“特定经济利益发言人”，夏先生说：

“特定经济利益发言人”这一头衔，其本身已经足够明显，用不着再多加解说。但我们也应该知道：这类人物虽然大多受雇于别人或某个集团，而为那个人或那个集团的经济利益辩护，但也有不是代表别人的人物，而其所争取的正是直接属于他们自己的利益。如果这类人物赤裸裸地讲出他们所争取的是什么，那当然是光明磊落、无可非议，但是，他们却每每把内心的真正企图伪装在富国利民的宏论中，借以在舆论界造势！

于是夏先生感慨道：

长久以来，在经济问题的舆论中，一向掺杂着各类人物的手笔，而一般人并不知辨别。在现阶段的台湾，因面临政治、经济、社会的剧速转型而引发的经济问题特别多，也显得特别严重，于是见诸报刊的经济言论也就叫人目不暇接，其中出自上述第二类和第三类人物的言论很多，出自第一类人物的言论很少，即使有，也难得掀起热情讨论，因而无助于正确舆论的形成。

舆论界既是在这种情形下制造了声势，反映到当局的决策将会怎样也就可想而知了。举一两个例子来讲，过去受当局决策保护的所谓“策略性工业”，到了高喊“经济自由化”的今天，只是换了一个名称，叫作“明星工业”。这不是经济工程师的心态还在作祟吗？至于财经金融措施受特定经济利益发言人的影响，更显现于去年（1988年）的股市风波。目前，通货膨胀已经开始成为舆论界的热门话题，在此议论纷纭中，我们所看到的，大多是些扬汤止沸的主意，很少有人回想到多年前经济学家的事先警告而再做釜底抽薪的考虑。这又显示出经济学家的意见是如何不受重视，因而其声音便趋于消沉。

夏先生说的第二类人物就是“经济工程师”，第三类人物就是“特定经济利益发言人”。而他在1989年所说的那些产业政策和财经金融措施，到21世纪的今天，不但没有停止使用或减少，反而更加泛滥。“有形之手、看得见的手”的干预力道更强大，范围更宽广，“无形之手、看不见的手”或市场机制被压抑、被取代，甚至被抹黑！亚当·斯密早被抛到九霄云外去了，而《原富》的确已是“大家都知道但没人看过”的经典巨著！

国民财富、分工、经济学

亚当·斯密是“经济学之父”,《原富》是最早的经济学教材，但当代经济学是否遵循《原富》呢？首先，我们必须问：“什么是经济学？”

什么是经济学？各种教科书有不同的定义。最常见的定义是，经济学是研究有限资源在不同用途上的运用（的学问）。这个定义其实与古典经济学的思路并不同。这个定义是新古典经济学的标准定义，关心的重点是资源分配问题。所谓资源分配问题，是在给定生产力和资源稀缺性条件下，研究各种产品的相对（交换）比例是如何在市场确定的。以亚当·斯密为代表的古典经济学家关心的重点却不是资源分配问题，他们关心资源稀缺程度如何可以被人类的经济活动减少，或国民如何得以富起来。其实，当代中国人更关心古典经济学家注重的“国富”（国民的财富）问题。

这是2004年7月7日去世的经济学者杨小凯（1948—2004）教授在1998年出版的《经济学原理》这本教科书开头的一段文字。杨教授亲身经历“文化大革命”，后来求学美国，以优异的成绩毕业于普林斯顿大学。在中国经济体制转变的时刻，他之所以本能地关切“国民或国家如何得以富起来”，是很容易理解的。但是如果要说明亚当·斯密和新古典经济学在思路上究竟有什么不同，则杨教授要读者注意“资源是（天命）给定的？抑或（人事）可变的？”

这种区分对照，也许只有误导的作用。事实上，杨教授本人和当代许多经济学者一样，受限于“经济学是一门选择科学”的迷思，甚至也还没有抓住亚当·斯密政经思维的主要旨趣。他把亚当·斯密所讨论的分工发展问题，解读成一个权衡折中的问题。他说：

“两难的矛盾”有两类。一是给定资源稀缺程度（生产力），各种产品之间的生产有两难冲突。多生产食物，就要少生产衣服；多生产衣服，就要少生产食物。二是资源稀缺程度不是固定的，比如劳动分工可以提高生产力，因而降低稀缺程度，但却可能会增加交易费用（成本）。前一类两难的矛盾是新古典经济学研究的重点，即资源分配问题。而后一类两难的矛盾是古典经济学研究的重点。但两类两难的矛盾都需要人们做出权衡折中，以选择最佳的折中点，这就是经济学研究的决策问题。

这和亚当·斯密的政经分析思路大不相同。

在《原富》里，虽然亚当·斯密也费心讨论政策，但他所研究的问题主要是，知见极为狭隘的芸芸众生，怎么能够对他们自己既看不见也没想到的（当然更不用说权衡的）所谓“公众利益”做出贡献？此处，亚当·斯密所谓的“公众利益”其实是某种人类意想之外的人际互动行为秩序。这显然不是关于什么人的决策（或选择）问题。实然的科学问题不可能是决策或选择问题，只有在自诩为具有某种超能力的经济学者眼里，实然的科学问题才会被等同于应然的决策（或选择）问题。

杨教授注意到，对于“国家如何得以富起来”，亚当·斯密所给的答案是，“劳动分工的发展是国家富起来的原因，而市场这只看不见的手是协调和促进分工的有效手段”。这是理解亚当·斯密经济思维的一个关键。可惜，杨教授似乎和当代许多经济学者一样，未能真正了解“看不见的手”只出现过一次（《原富》第四卷第二章第九段），而那里只是它所代表的政经分析原则的一次应用。虽然《原富》第一卷第一章和第二章表面上没有出现“看不见的手”，但它所代表的分析原则却得到了较为周全的论述。如果不知道这一分析原则，那么整本《原富》读起来趣味便会失去大半。值得一提的是，它也是哈耶克经济哲学的核心，而哈耶克中年以后的绝大部分著作，可以说就是用来阐述该分析原则的。

虽然杨教授没能参透“看不见的手”是协调和促进分工的有效手段，但他对“分工”的研究却开拓了另一片天地。在介绍杨教授在经济学领域的开疆辟土之前，有必要先认识杨教授。

在1968年“文化大革命”之际，就读湖南省长沙市一中高一的杨小凯20岁，血气方刚，写了一篇名为“中国向何处去”的大字报，而被点名批判，责以“思想反动”的罪名。于是，他以“反革命罪”被判10年有期徒刑，先后在长沙市看守所、湖南省模范监狱和岳阳建新劳改农场坐牢（关牛栏）。牢中之苦当然是不堪回首，当时在牢中还有许多高级知识分子被关在里边，年轻的杨小凯拜这些人为师，勤学苦读，尤其在数学和英语方面有重大成就，倒是他受苦之余的一大收获。

经过这段经历之后，杨小凯居然完成了高中和大学学业。他在 1978 年刑满出狱，由于不能立刻得到平反，他用原名杨曦光找不到事做，于是便改用乳名杨小凯。由于杨小凯对经济理论用心钻研，发表了许多论文，因此受学界瞩目，他在 1982 年受聘为武汉大学经济管理系助教。当时，美国兴起一股吸收中国杰出学子的风潮，担任该项选才任务的邹至庄院士发现杨小凯，于是推荐其至美国普林斯顿大学攻读博士。当时他还曾因“反革命问题”没得到平反而受到阻挠，最后成行得多亏同情他、帮助他出国的武汉大学校长刘道玉。

在顺利取得普林斯顿大学博士学位之前，杨小凯曾于 1987—1988 年在耶鲁大学的经济增长中心做了一年研究员。毕业后赴澳大利亚莫纳什大学（Monash University）任经济系讲师，一年不到就升为高级讲师，1992 年升为教授，其升迁速度在澳大利亚甚为少见，这也足以显示杨小凯的研究成果确有过人之处。他也曾担任世界银行顾问。

杨小凯的著作不仅多，而且学术价值更高；他所获得的荣誉也极多，不过，杨小凯念兹在兹的还是“中国要往何处去”。他在被关的 10 年中想到很多经济问题，而在普林斯顿大学要写博士论文时，他拿出当年的笔记，发现他的绝大部分“问题”人家早就解决了，但有一个很基本的问题——“分工”，却一直未被深入研究，这就成为他博士论文的主题。不过，因为这个问题太普遍了，指导教授认为这么根本的问题还有什么好研究的？后来每次他上台报告论文进度时，台下的教授就分成两派——赞成他的与反对他的，他们吵成一团，完全没有他插口的机会。一般经济的选择问题是“多或少”（生产多少），而分工则是“有或无”（生产这个，不生产那个），因此通常所谓的“边际分析法”就不适用，于是杨小凯创建了“超边际经济学”（Inframarginal Economics）。2003 年，莫纳什大学成立“递增报酬和经济组织研究中心”，杨小凯是主任。他在 1998 年出版的教科书《经济学原理》，就是以此概念为基础的，他自认为该书是自马歇尔（Alfred Marshall，1842—1924）以来的第三代教科书。

在杨小凯的著作中，最被人称赞的，也是杨小凯自认最有创见的著作是 1993 年与黄有光教授合著的《专业化与经济组织——一个新兴古典个体经济学架构》，杨小凯也经常引用该书的观点。该书提出了一种把古典经济中关于劳动、专业化以及经济组织的理论用一个数学结构组织起来的新分析法。杨小凯也用该理论来解析社会主义经济制度，并比较中国和苏联体制的差异。他指出，由于经济发展过程是由劳动分工演进过程决定的，而市场大小、组织复杂性以及贸易依存度都由分工程度决定，在人类没有这些知识时，私有财产和市场制度是用来试验不同的分工组织而得到这些知识的有效方法的，但计划经济和政府都不能创造它们。不过，当资本主义制度创造了发达的分工组织后，落后国家的政府却可无偿得到这种组织的信息，它们的实质就是用计划经济模仿资本主义的组织，但却会不断侵犯私有财产，并废除公平的市场。

杨小凯对理论和现实问题间的关系有其独特看法，他提醒自己在提供实用性服务时，一定要对理论的局限性有清醒的了解。他自己在做学问时总强调数学模型和概念的严谨，不喜欢空泛的“思想、观点”，但他在分析实际经济问题时，却更信任自己的直觉，而不信任那些简化得不现实的数学模型。对科学方法有嗜好，曾对那些非数学的思想不重视的杨小凯，在读了不用数学模型的已故1974年诺贝尔经济学奖得主之一哈耶克的著作后，竟有强烈的“相见恨晚、非常欣赏”的感觉，更企图用数学来证明哈耶克的思想。

值得一提的是，杨小凯这篇名为“我所了解的哈耶克思想”的短文正好于1995年10月发表在我主编的《经济前瞻》上。当看到此文时，我感到惊讶与困惑，因为哈耶克根本不相信人的思想可用数学模式表达，而杨小凯在文中也表示他觉得哈耶克的非数学的经济思想，比现有最好的经济数学模型深刻得多。虽然杨小凯也在该文中指出，现在用数学模型最纯熟的一批经济学家，在其眼中是思想相当浅薄的人，于是他想扭转此一颓势。上文提过的他与黄有光合著一书的第十五章，杨小凯就认为是成功之作。尽管如此，我还是认为这是多此一举，毕竟这种做法正好与哈耶克的原意相违，真不知杨小凯如何化解这个几乎是“难解”的矛盾。

由于该疑问一直存在心中，当2001年年初，杨小凯筛选出其经济散文，欲以《杨小凯经济学文集》为书名出版时，我自告奋勇向出版社毛遂自荐作序。在征得杨小凯同意之后，努力读完该书，我的本意就在于让这些篇章解答我的疑问，但仍无法让我信服。不过，我却能体会杨小凯为了在全球学术社群占有一席之地，甚至成为引领者的苦心。经过数年的辛勤努力，杨小凯的确已有相当成就，在全球具有崇高的学术地位，并逐渐吸纳华人青年才俊形成坚强的学术社群。其实，杨小凯不只在学术圈大放光芒，在世俗政治或政策上也具有不可忽视的影响力。

在全球学术圈大放光芒

我们知道，中国在改革开放、放权让利 20 多年之后，在物质生活上就已有很大的进步，但同时也出现极大的瓶颈。21 世纪初，关于“后发优势”和“后发劣势”的辩论就是对此瓶颈的讨论。在这方面，杨小凯有着深入的观察，特别是他出生在中国，对“中国向何处去”这个深刻的大课题早就关心并逐渐创造出丰硕成果。由于杨小凯不是以“私利”作为出发点，在经过 10 年牢狱的体验，并且运用西方学理和分析工具，以及由历史的经验寻求妥当的解决之道后，因此我们已经可以说，经过数十年的钻研及观察比较之后，杨小凯已经到了收获时刻，正待扬帆展现他对未来中国变革的能耐。

这由 2003 年 9 月杨小凯接受记者肖静专访的访谈内容可见端倪。他认为中国的经济存在后发劣势，而资源正在越来越少，不继续实行进一步改革，将会十分危险。杨小凯举史实来说明：为什么工业革命发生在英国，而非西班牙？

十六七世纪的大西洋贸易是一个国家富裕的基本动力，凡是没有参与大西洋贸易的意大利、东欧的一些城市发展都很慢，而与大西洋贸易有关系的西欧城市都发展得很快。当时西班牙的条件比英国好多了，为何没发展起来？主因就是只有大西洋贸易的垄断是不行的，英国除了有此条件外，在1688年有光荣革命，之后把王室对大西洋的垄断打破了，而西班牙却一直都由王室垄断，此即当今社会的国营事业。由于英国在大西洋贸易中的好处大部分归于民间，就是一些小私人公司，有的原先是地主，看见有钱赚就投资大西洋贸易。这些人跟王室没什么关系，当宪政改革后，他们发了财并缴税，于是可以在议会具有政治影响力，在这个发展过程中出现了很多制度创新，包括王室的财产和国家银行分开，执政党不准从事营利性事业，成立企业不需要批准（自动注册）并废除了对高利贷的限制。

杨小凯指出，废除对高利贷的限制以后就没有高利贷，限制高利贷就会存在高利贷。他认为，温州有很多高利贷钱庄，就是因为限制私人银行。英国的经验就是你把限制一丢掉，就没有高利贷了。这些制度创新都是因为1688年的光荣革命把英国的专制改成了宪政。杨小凯进一步指出，中国的30多个行业不准私人经营，包括银行、保险、汽车制造、电信、外贸等，不但不准私人经营，还有严格的许可证制度。国营企业没有许可证也不准经营外贸。所以，就像当年西班牙走的路一样，很难真正发展起来，制度创新也就很难。

中国显露出“后发劣势”

杨小凯对当时都在讲的“中国有后发优势”深深不以为然，他阐述了一个叫沃森的已故经济学家所提的“后发国家有后发劣势”观念。毕竟后发国家可以模仿先进国家，少走弯路，你可以模仿制度，也可以模仿技术。日本当年就是模仿制度，政党自由、专利制度，它都模仿，这样会有后发优势；中国主要就是模仿技术、工业化模式，这就会形成后发劣势。因为光模仿技术，短期内发展效果很好，但只模仿技术，就等于造了许多汽车，而没有建高速公路一样。没有高速公路，到一定程度，汽车就走不动了，结果可能会前功尽弃。杨小凯以苏联为例指出，苏联在20世纪30年代和50年代的经济增长率非常高，西方的大量生产、生产流水线、标准化、泰勒科学管理（在苏联称为“定额管理”），它都学，并且雇了很多美国的专家，但就是不学其他的，还是一以贯之实行计划经济。苏联用一种非常落后的制度去模仿非常先进的国家，使得经济增长率很高！你去看苏联在20世纪30年代，经济增长率为百分之十几，长期平均增长率为百分之九。那又怎么样？说垮就垮，它一下子就垮下来了。杨小凯继续说，中国大陆21世纪的工业化模式则模仿香港地区、台湾地区，实行的是劳动力密集型出口导向工业化模式，但有可能在技术模仿的潜力耗尽以后，也会举步维艰。中国在21世纪初出口量最大的是电视机，全世界到处都是中国制造的电视机，这是一个后发劣势的例子，基本上是进口电视机生产线，就是模仿技术，而且这些工厂都是国营企业。杨小凯认为，利用这个，再加上出口导向，想要赶超、跨越，长期来说，这种策略是会失败的，在技术模仿的潜力耗尽后，制度的弊病就会暴露，所以这叫作“后发劣势”。大家不想听后发劣势，他们一天到晚讲后发优势。

我之所以说杨小凯已到具有影响力的时候，除了以上提及对中国发展观察的深刻外，由他“被公认是华人诺贝尔经济学奖最有希望的人选”可见端倪。获得诺贝尔奖桂冠，不但是学术圈里最高荣誉，是对获奖人学术地位的肯定，而且在社会上也最被尊崇的，得奖后的一言一行都具高度影响力，甚至会被邀请参与国家政策的拟定。1976 年，诺贝尔经济学奖得主弗里德曼（Milton Friedman, 1912—2006）就是一个很好的例子，他顶着诺贝尔奖的光环游走各国，特别对转型国家政府实施自由经济政策有所影响，智利皮诺切特（Pinochet, 1915—2006）军政府的经济改革就是一个明显的例子。

天妒英才，国之不幸

以杨小凯现有的学术成就，早已获得 1972 年诺奖得主阿罗（K. J. Arrow, 1921）、1986 年诺奖得主布坎南（James M. Buchanan）的极力赞扬，因此被推荐并获得诺贝尔经济学奖应是早晚的事。一旦他获奖，在声名大噪之后，其发言分量顿时加了好几倍，中国也应向其请益，杨小凯的建言也就会产生莫大的影响力，对中国免于走入“后发劣势”泥沼都会有意想不到的催化作用。我之所以对杨小凯会有这样的信心及期望，最主要的因素就是上文提过的他对哈耶克学理的高度肯定和推崇。得到哈耶克思想精髓的杨小凯，当会把握机会推广哈耶克思想，而中国也可继续走向真正的繁荣大道。奈何杨小凯英年早逝（55 岁而已），这难道不是人民的不幸、人类的一大憾事吗？

回过头来看斯密在《原富》中提出的促进国民财富增长的方式，劳动数量和劳动分工是两个关键因素。用现代经济发展和经济增长在追求 GDP（国内生产总值）这个狭义的国民财富概念来说，可用一个简单的数学式子来表示：假设 Y 为 GDP，L 为劳动力，则 $Y=Y/L \cdot L$，Y/L 为平均劳动生产力，即每个单位劳动能有多少的产出（财富）贡献，而分工和劳动质量就是劳动生产力提升的要因。文明社会有许多人不劳动，但依然生产丰富，上下各阶级的供应也丰富。相反，在未开发社会，人人都劳动，但大家都贫困。《原富》第一卷以劳动生产力改进的诸多原因及劳动生产物分配给社会各阶层的自然秩序为研究主题。

再回头探究“经济学是什么”。根据 1986 年诺贝尔经济学奖得主布坎南的转述，芝加哥学派大将维纳（Jacob Viner, 1892—1970）曾说“经济学就是经济学家做的事（写的文章）”，而芝加哥学派掌门人奈特（Frank Knight, 1885—1972）听了之后，开玩笑地加了一句“经济学家则是那些以经济学为业者”（Economists are those who do economics）。维纳和奈特之所以有机可乘地开玩笑，也许是因为“经济学是什么”这样的问法有很大的漏洞。如果我们问的是“经济学是什么知识”，则得到的答案也许会正经些。

且让我们试着问：经济学是什么知识？或者问：经济学者的种种论述想回答或回答了什么性质的问题？我们之所以这样问，是因为经济学是什么，主要就是由学者认为经济问题是什么而定的。那么，主流经济学者认为经济问题是什么呢？毫无疑问，最著名的回答出自英国经济学者罗宾斯（Lionel Robins, 1898—1984）。他说："经济学是研究人的行为的科学，而所谓的人的行为，则是指多样目的和具有多种替代用途的稀少资源之间的某种关系。"这个定义很清楚地突显了个别（或总和）资源的稀少性与替代性，以及各种目的的不可兼得性。对照斯密的《原富》，这个定义似乎狭窄了许多。

分配问题：工资、利润、地租

亚当·斯密的《原富》旨在探索国民财富的起源，以现代的说法来说就是经济增长、经济发展的课题，而看不见的手、市场机制又是重要特色，很容易被误解成没有涉及分配问题。其实，斯密在《原富》第一卷开头就讨论此课题，因为人类社会自从脱离早期仅足以维生的经济，开始进入较为富有的阶段时，就产生了对这些富裕的果实要如何分配的问题。在此之前，仅处于“一个资本累积与土地私有都没有发生的早期的野蛮社会中”。在该社会，由于所有生产纯粹从劳动而来，全部产物自然全归劳动者。后来，人类懂得“分工可使生产增加”的道理，自然就希望聚集所有个人的能力和资财以扩大分工领域，因而扩大生产规模，这些生产自然不能由任何一人独有，而需由所有参与者分享。

那么，个人又该分得多少呢？这就产生了重要的分配问题。很明显，直接参与工作的劳动者需获得维生的工资，提供资本以促进生产的企业主也要得到利润——作为他们冒险参与的报酬。同样，一旦国家的土地都成为私有财产，地主也像其他的人一样都想不劳而获，甚至对于他们从未耕植的土地中所有自然产生的货物也要求“地租”。因此，在资本累积和土地私有之后，各种物品的价格必须由对劳动者的工资、对企业主的利润和对土地所付的地租三部分组成。就这样，整个社会的全部产物也就分成三部分，且由此三部分人分得。那么，这三种收入又该如何决定呢？

先就工资来看，其多寡取决于两个因素：一是可用于劳动的数量，二是可用来支付工资的资金多寡。此资金有两种来源：一为超过一般用来维生必需的收入，二为超过雇主劳动报酬所剩下的资金。

斯密认为，长期来看，工资有一个必须支付的最低数额，这就是维持工人最低生活所需的数量，不然工人就无法生存了，此一工资可称为“维生工资”（subsistence wage）。维生工资之所以重要，是因为其已成为劳动的长期供给价格，只要支付这些资金，劳动就会长期供给。所以，维生工资可以说是一种自然的或均衡的工资率。

斯密提出三种情况来说明工资如何以这个均衡率为中心而变动。第一种是如果劳动供需长期处于均衡状态，则当时的工人必定都收到维生工资。在此情况下，人口自然没有增加或减少的趋势，只要工资基金的数量不变，此情形会一直维持下去。这是经济处于停滞状态下的情形，斯密就以当时中国的情形为例加以说明。第二种是斯密再研究一年或数年对劳动需求持续减少的情形。在此情况下，实际工资必定低于维生工资。结果是人口减少，少到可以支付维生工资水平为止。这就是经济处于落后状态时的情形，斯密以当时的孟加拉国和印度某些殖民地区为例进行说明。这些地区工资基金的减少导致出现“贫乏、饥饿与死亡”，直到“居民数量减少到所剩下的收入与资财足以供养时为止”。第三种是经济进步地区的情况，这些地区的工资基金都在增加，实际工资都高于维生工资，此种情况至少可维持到其保有的工资基金足以应付人口增加的需要为止。同时，斯密认为工资基金的增加是生活水平提高后必定会发生的，他也指出经济进步地区对劳动需求会不断增加，这就让高工资可以维持多年，直到劳动需求增加率低于劳动供给增加率为止。

以上提到的三种例证都说明一个基本原理：对于劳动的需要也像对其他任何物品一样，必定会调节劳动的增长。事实上，当资本累积到相当程度而居主要地位之后，劳动者是为“资本的所有者所雇用……一般工资都是由这两群利害总是相异的当事人之间所签订的契约来决定的。劳动者希望工资提高，雇主则相反。前者团结起来要求提高工资，后者则团结起来要求降低工资”。

斯密充分了解双方议价能力是不对称的，而雇主总是居于优势。此种不对称的情况受到政治权力结构的影响更明显，所以法律制度就时常受到工人的攻击。斯密说：“在一般情况下，不难看出两方当事人中某一方在争议过程中居于优势，而强迫另一方接受他的条件。由于雇主人数较少，所以容易团结，同时法律也准许他们团结，至少没有禁止他们这样做，但对工人则予以禁止。”

斯密认为，劳动报酬的优厚，一方面可以使人口增加，另一方面也可以激励一般人勤奋。工资是人们勤奋工作的诱因，而生活资源的丰裕可以增强劳动者的体力，也可以改善劳动者的境况，能安逸度过晚年生活的美好希望也可促使劳动者尽量发挥力量。因此，我们发现高工资地区的工人总是比低工资地区的工人积极、勤奋和敏捷。相反，贫穷不能激励任何人，只会损害他们的健康，特别是对子女的养育非常不利。斯密认为，商人所追求的低工资经济，只能在短期内为他们争取一点利益，从长期来看则会对社会造成伤害。

接着看“利润”（profit）。斯密说：“利润是由人管理或运用资本而产生的，那不是人们将资本贷给别人所获得的收入，就称为利息或货币的使用费。这是借者给予贷者的补偿，因为利润是他有机会使用货币才能得到的；其中一部分自然是属于借者的，他曾冒着风险设法运用它，另一部分（利息）则属于贷款者，是他提供借款者以赚利润的机会。”

斯密再利用利润和利息这两个概念来说明“纯利润（net or clean profit）”和“毛利润（gross profit）”的区别。前者是“一般利润的最低率……足够补偿……所冒的风险，也足够消除运用资本的麻烦”。后者则是前者再加上利息。纯利润是生产活动的报酬，利息则像地租那样并非生产活动的收入。不过，利息随着纯利润的变动而变动，后者提高，前者也提高，反之则下降。

斯密认为，若其他情况不变，且工资率已知，则利润率可由可用资本的数量和投资的报酬决定，而利润率长期趋于下降，则是由资本数量增加和寻找有利投资机会困难所致。虽然斯密指出，在经济进步国家，利润减少的趋势可能会受到抑制，因为可以获得新的投资机会或新的土地，但“利润的减少是繁荣的自然结果”。

斯密又认为，除了富有的人以外，其他人是不可能依赖货币利息维生的，因而那些只有少量资产或有较多资产的人都得尽力将其所有的资财加以运用，几乎每个人都需经营事业或从事某类事业的发展，这也就成为经济不断发展的动力之一。最后看地租。斯密说，地租被视为使用土地的价格，因为土地本身是生产性的，是个人的财产，是稀少的，所以要支付土地的费用。斯密认为地租是一种“纯剩余（pure surplus）”，因为它是地主不费自己丝毫劳动而得到的。斯密进一步指出，地租相当于“垄断价格（monopoly price）”，至少就其广义而言是如此，因为是“租用者在土地实际情况下，所能支付的最高数额”。

所以，地租不是生产活动的报酬，与工资和利润不同。后两者都是物品价格的组成部分，因为它们都是生产成本的一部分，若将一件产品送到市场销售，必须将生产成本收回，否则就不会有供给。地租则不同，它需要看商品的需求情形，若需求增加到足以使价格上涨至生产成本，则超过的这一部分就自然成为地租。所以，地租的高低需要看物品价格的高低，两者呈正向关系。由此可知，工资和利润是物品价格的成因，地租则是物价形成后的结果。

于是，我们可以说，地租是由土地的“肥沃性”与其所处的“位置”决定的，这里所谓的“位置”是指土地产物的市场大小。在其他条件不变的情况下，市场越大，地租越高，而市场大小则是由运输成本决定的，“良好的道路、运河及航行的河川可减少运输费用，使得偏远地区获得与都市附近相同的水平。因此，它们是所有改良中最伟大的一种”。这些改良拓展了市场，提高了分工的可能性，这自然也使地租增加，所以在斯密的分析中，高额的地租是改良和进步的标志。

斯密认为，从长期来看，地租会趋于上涨，因为随着人口的增加，人们对土地的使用也将增加，土地的耕种和改善的扩大会直接提高地租，因此地主在产量中获得的份额也会随之增加。地主收入的实质价值也会随时间而增加，因为所有这些在劳动生产力上的改进，会直接使制造品的实际价格趋于减少，间接使土地的实质地租上升。

在对地租的研究之后，斯密就得到这样的结论：社会情况的每次改善都直接或间接使土地的实质地租提升；地主的财富增加，也使地主增加对劳动和劳动产品的购买。相反，若社会荒废耕种或忽视改进，土地的初级产物的实质价格下跌、制造技术和人们勤奋程度的下降、制造品的实质价格下降、社会的实质财富的减少等，都会使土地的实质地租降低，使地主的实质财富减少，使地主对劳动力或他人劳动产物的购买力下降。

总之，每个国家的土地与劳动下的全部产物或全部产物的全部价格，都由地租、工资和利润构成，这三者分别是三群人的收入。这三群人就以他们的收入去满足各自需要的物品以维持生活，就这样，全社会的产物也就分配出去了。这三群人是每一个文明社会中的三大构成阶级。斯密是这样分析三大阶级的：

第一个阶级是地主，他们的利益与社会全体的利益密切关联。凡是促进或损害地主利益的，也必定同时促进或阻碍整个社会的利益。他们是社会三种阶级中唯一不必出力，也不必费神即可获得收入的阶级。这些收入好像自动掉到他们手中似的，用不着任何计划或筹谋。这种安逸与安全处境自然使他们养成懒惰的习惯，使他们常常无知，同时丧失了为预见与理解任何公共管制的后果所必须具备的思考能力。

第二个阶级是靠工资生活的人，像地主一样，他们的利益与社会全体的利益密切关联。当社会繁荣时，他们的工资就会升高，高到可以让他们过上较舒适的生活。当社会经济停滞时，他们的工资就降低，低到仅足以糊口，甚至连糊口都不够。当社会繁荣时，地主得到的好处也许大于劳动阶级；但当社会衰退时，却没其他阶级会像工人那样遭殃和受苦。工人阶级没能力去认识社会利益和他们的利益关系，因为他们的生活情况使他们没时间去吸收必要的知识，即使信息充分，他们的教育与习惯也通常使他们不太能够做出正常的判断。因此，在考虑公共政策时，几乎很少听到他们的声音，即使有，也不受重视。

第三个阶级是靠利润生活的人，他们的利益与社会利益不太相关。在富有的国家，利润低；在贫穷的国家，利润高；在趋于灭亡的国家，利润始终是最高的。在这个阶级中，通常是商人和制造业主运用的资本数量最多，他们非常富有，也受社会大众景仰。他们的一生都在从事计划与筹谋，理解能力比大部分乡村地主敏锐，但他们的心思通常花在照顾自己的利益而非社会的一般利益上。所以，对这一阶级的判断，即使是本着最大的真诚而提出的，其决定也是私利要远高于社会利益。商人的利益总在扩大市场与限制竞争，扩大市场也许符合公益，但限制竞争则必定违反公益。任何新的法规或商业管制的建议，若出自这一阶级，我们就需特别关注，除了经过长期审慎检验和彻底观察而认为可行的以外，其余都不应采纳。

重商主义和重农主义的谬误

亚当·斯密的《原富》中经济理论的核心，是在阐述市场自由运作的功能和“不要政府干预”的立场，他在书中明确宣示并多方验证（第四卷《论政治经济学的思想体系》开宗明义就说）：“政治经济学是一门探讨如何裕民又富国的学问。”而如何裕民又富国，在当时有两个主要的思想体系：重农主义和重商主义。斯密旁征博引，批评这两种主义的不当之处，从中也表现出他富国裕民的方法。那是什么呢？还是老生常谈的“分工、贸易以及政府不要干预市场”。在《原富》第四卷中，斯密将这些永恒的道理做出了更透彻的发挥。

重农主义者是指18世纪法国的那群对当时推行的政策表示关心的哲学家，其领导人是魁奈，他是法国国王路易十五的御臣。重农主义者强调“农业是每个国家收入和财富的唯一来源”，只有那些在土地上的工作者才可被称为“生产阶级”，技工、制造业者和商人都是“无益的阶级”或“非生产阶级”。

虽然斯密认同农业由于大自然的慷慨使它成为经济增长的基础，但一国大量财富的产生仍需依靠技工与制造业工人的劳动才有可能实现。这是因为劳动的生产力是由分工的细密决定的，而“技工与制造业工人比农人与乡村中的工人分工得更细，因而所获得的改进程度更高”。所以，从长期来看，技工与制造业工人是生产力很高的阶级，把他们的劳动视为非生产性是不对的。斯密花了不少篇幅进行讲述，并以荷兰和汉堡这样的大城市为例，批评重农主义者的这种谬论。不过，虽然斯密不完全同意这群重农主义者的见解，但他从他们身上学到不少，对他们也都非常敬仰。

重商主义是指随着15世纪民族国家（nation state）兴起，到18世纪时，这些国家对于国际经济关系的性质与管制的思想与措施。这种思想大致上都强调保持一国物品与劳务的出口超过进口的重要性，因为这样的话，在一个没有黄金和白银这些贵金属矿产的国家，就可以增加自己保有的金银，而金银可视为一国财富与力量的凭证。19世纪60年代，德国以“merkantilistische”这个词来表示这种思想，这与英文“mercantilism”这个词的意义相同，此后西方国家就以英文“mercantilism”来代表这种思想，中文就译为“重商主义”。

重商主义者主张“奖励出口”（如退税、奖励或补贴、和外国缔结有利的通商条约等）和“限制进口”（如为保护国内产业，限制特定国家的商品进口、高关税和绝对禁止某些产品进口等）。

斯密认为重商主义的症结所在是：重视生产者，忽略消费者。他说：“消费是所有生产的唯一目的与意义，生产者的利益应该受到照顾，但不该超过也许是保护消费者利益所必要的程度。”他又说：“此一箴言是如此自然而不证自明，只有想法荒谬的人，才会想要加以证明。”

由于重商主义者似乎认为“所有勤劳与商业活动的最终意义与目的在于生产，而不在于消费”，因此造成“那些为了商人与制造业者的利益而制定的法律，就像古希腊时代的执政官德拉古所制定的法律那样，可说全都是用鲜血写成的”。不仅如此，任何政策若“仅为了增进某一阶级的利益，而去伤害另一阶级的利益，不管这伤害的程度有多大，显然都违反了君主对其属下各阶层人民应尽的那种正义与公平对待的义务”。在现代世界，各国惯用的“产业政策”，不都是如此吗？

斯密严谨区分货币（金银）与国民财富的差别，他强调金银不是国民财富，劳动、土地和资本才是，因此一国累积货币没有意义。斯密用了很多篇幅，举了许多实例，说明“输入金银，并非一国从国外的贸易得到的主要好处”。金银（货币）的价值在于：“它用国内多余的产品，交换其他可以满足国内人民部分需要、让人民享受的东西，因此它让多余的东西有了价值。”

当代主流经济观念又背离亚当·斯密，再回到重商主义，而以“新重商主义”名义还魂，而媒体和舆论似乎也大都认同，各国政府也都拼命累积“外汇储备”，斯密在天国想必感叹“子孙不肖”吧！

不必那么仔细地想一想：如果一国刻意让本国货币的币值低估以促进出口，这虽然可以增加外汇储备，但因同量出口所能换得的进口物品减少，也就是国际贸易理论中所谓的“贸易条件恶化”，则会使商品出口增加，金银流入（外国货币），但因人民买不到便宜又好的进口货，不是反会降低本国人民的整体福祉吗？已故的蒋硕杰（1918—1993）在去世前一直叮咛“外汇资产猛增是祸害”，以及强调“货币只是交易媒介”，其实就是亚当·斯密的理念。20 世纪 80 年代，中国台湾的金钱游戏炽热，已故的邢慕寰（1915—1999）当时声嘶力竭呼吁让台币自然升值，并不停地写文章高呼成立“发展外汇基金”，将泛滥游资导入生产用途，都是呼应斯密的理念并反对重商主义。奈何言者谆谆，听者藐藐，到21世纪的今天，一些国家无法幸免，人民深受金钱泛滥之害，不知伊于胡底，只能无语问苍天。唯有重新拾起亚当·斯密的理念，才能去除毒瘤，逐渐恢复生机！

亚当·斯密对重农主义和重商主义的简要评论是：“重农主义比重商主义更是自相矛盾，重商主义至少还鼓励制造业和贸易。”不过，斯密认为重商主义体系给社会所带来的不仅仅是错误而已，而且是重大的伤害，而重农主义的体系从来没有一国实行过，也不会对世界任何地区产生伤害，自然也没有将其错误详加研讨的价值。

政府的天职

斯密在讨论重商主义的思想体系后，得出了这样的结论："一旦所有偏袒和制约措施被解除后，一种明显而简单的天赋自由体制就自然而然地建立起来。每个人只要不违反公平的法律，就可以完全按照自己的方法去追求自己的利益，可以将自己的勤劳与资本与任何人、任何阶级进行竞争。君主完全解除了一种职责，要想肩负这种职责，他常会遇到许多迷惑，要想恰当地去肩负这种职责，人类还没有足够的智慧与知识。这种职责就是监督私人的劳动，并指导它迈向最符合社会利益的就业。"由此可见，斯密对于个人的天赋自由的维护是非常重视的，因而一般都认为他对重商主义的批评就是对自由放任的经济主张的支持。

不过，这不是说在斯密的思想中，政府对于社会经济的发展就可以完全置身事外，他在《原富》第五卷就花了全书篇幅的28.5%来讨论这个课题，名称是"论君主或国家的收入"，这就是公共经济学，也就是政府收支，或是当今的财政学。

斯密说：

依据天赋自由的体系，君主只有三项需要肩负的职责。这三项职责的确非常重要……第一项职责是保护社会，使其不受其他独立社会的暴力迫害与侵犯。第二项职责是尽可能保护社会中每个成员都不受任何其他成员的无理干扰或压迫，也就是要建立一个严正的司法体系以维护正义。第三项职责是要建立并维护某些公共设施与某些公共机构，虽然这些设施和机构对一个大社会极为有利，然而由于性质特殊，其利润绝不可能作为费用偿还给任何个人或少数几个人，所以也就不可能期待任何个人或少数几个人出资兴建与维护。

简而言之，斯密认为政府的天职包括国防、司法、公共设施与公共机构三项。第三项包含交通等方便商务往来的公共设施与机构、青少年教育、全民教育（信仰、宗教与教会），以及维护君主（国家元首）尊严所需的费用。其中，除了国防与维护君主尊严所需的费用外，斯密认为，其他各项最好能是“使用者付费”，但因难以归类或其他原因，而由社会大众负担，也可以接受。

在论述公共经济课题时，斯密仍是利用“道一以贯之”的“分工与专业化”理论。例如，在讨论国防经费时，他检讨了狩猎、游牧、农业以迄工商社会各个时期的军事力量，并归纳出在狩猎与游牧时期，全民皆兵的落后民族往往可以打败比较进步的民族。等到社会进步到军人成为专业的常备兵后，分工更细的先进国家的武力就胜过分工较粗的落后国家。

政府的收入来源可归为三类：一是公用事业（君主或国家财源），二是税收，三是公共债务（公债）。第二类包括各种收入来源的税收，如地租、财产利得、所得税以及个人税（包括人头税与消费税等）。斯密的《原富》是从对各种经济现象的观察中，分析出经济原理。240 多年前的经济现象大都成为历史，也大都不是现代人知道的史实，看起来很不真实，但稍用心思就可理解斯密的原意，而且大部分的现象不仅现在适用，还更明显，只是用词不同，如斯密所指的第一类政府收入——君主、国王的财产收入，现代的用词是“公用事业”。斯密强烈反对政府依赖这类收入，因为它们没有效率，这也正是现今各国公用事业最遭人诟病的问题。斯密这样说：“似乎不会有其他任何两种性格，比商人和君主这两种，更为不搭调……商人（如有君主的权力）是最烂的君主，君主（去做生意）则是最差劲的商人。”斯密不是早已铁口直断公用事业不可行了吗？不肖子孙真是不受教呢！

斯密在讨论国家推行政务所需经费的来源之后，认为英国的情形不好，有很多需要改进的地方。他认为，当时的英国面临的最大问题是公债数量不断增加，在《原富》的最后一章，他就对公债的出现以及公债的弊害详细解析，并提出一种乌托邦式的补救办法。

在商业扩展和制造业进步以前的荒野社会，一般人的收入通常是谷物、牲畜、兽皮、羊毛等可用来制造食物和衣饰的原料。即使有丰富的收入，除用来雇用仆役和招待亲友外，也少有其他用途，因而一般人的生活都很俭朴，自然会将剩余物资换成可储存的金银之类的贵金属。再因当时社会暴戾和混乱，也有必要多留资财，以备不时之需，一般来说，封建豪阀更有保存财富的强烈诱因。到了商业时期，社会中可供使用的物品众多，富有者的生活方式也随之改变，所能储存的资财就减少了，掌握大权的君主也不再从事储存了。

当时的欧洲正值民族国家兴起，各国都在推行重商主义政策，都希望消除在市场上的竞争对手，战争仍不时发生。平时不思节俭储蓄，战时只需举债应急，于是公债就出现了。政府有举债必要的同时，其国民也产生了放贷的意愿与能力。因为重商主义的政策所获得的成果全部被商人占有，于是商人就有充裕的财源来支持政府财政上的需要，何况这种需要就是推行这些对商人有利的战争所引起的。同时，政府为了应付这种紧急的需要，往往会以非常有利于贷方的条件借钱。政府明白能在急需时借到钱，于是自己就解除储蓄的责任。而庞大债务的增加过程，使当时欧洲各国都备感压力，各国长期可能会陷于破产。

由于英国政府举债往往超过其偿还能力，借新债还旧债就成为英国政府的常用办法，但这样持续下去的话，英国政府就会面临不能还本金只能付利息的窘境。所以，纾解当前紧急状况，就一直成为处理公共事务的行政当局所面对的急需处理的工作。至于如何解救未来，就留给后代去处理，这也就是赤裸裸的“债留子孙”。

亚当·斯密认为，政府的支出不但在平时，甚至在战时都应该以税收来支付，不应借债，否则会影响资本累积。当1776年《原富》出版时，英国公债数量很庞大，斯密认为除非公共收入同样增加，或者公共支出同样减少，否则公共收入上这种债务的负担绝不可能减除。他提出了一些可能性，但将焦点放在最能增加国家税收的方法上，如将英国的课税制度延伸到大英帝国所有有英国后裔的居住地。他也考虑到，如果要符合英国宪法的原则，每一个地区就必须在国会中有与其贡献的税收成比例的代表。虽然这很难办到，但斯密认为值得深思如何去实现，毕竟“这种思索再坏，也不过是一种新的乌托邦而已”。既然旧的乌托邦可以提出，那么思索新的乌托邦也不会有什么不好，于是斯密提出一个关于英国公共收支的乌托邦式的愿景。

亚当·斯密说：

将英国的关税法适用范围延伸到爱尔兰以及其他各殖民地，如果自由贸易也跟着延伸，基于公平原则也正应该如此，那么对双方都将产生最大的利益……大英帝国所有不同地区之间的贸易将会像目前英国沿岸贸易一样自由，大英帝国就这样可以在其自身领域内，为其所属的每一个地区的每一部分产出提供一个非常广大的市场。

他大致将所憧憬的统一局面可能产生的影响加以估计，他认为增加的税收与增加的开支相互抵消以后，就可能在几年内使英国的公债全部还清，整个帝国的经济将会重新振兴。不但如此，也许还可以免除某些恼人的税负，如免除那些对生活必需品或制造业的原料课征的税。于是，贫穷的劳动者将可过上较好的生活，其工作所需的成本可以减少一点，也可以将他们的产品低廉地运送到市场，这样的话，产品的价格便下降了，这自然会增加人民对产品的需要，结果对劳动的需要自然也增加了。这种对劳动需要的增加，就会提高劳动者的数量，也会改善他们的生活。

斯密承认，他所描述的对贫穷劳动者所产生的利益不会立即产生，但他相信，他所提出的政策对爱尔兰与英国在美洲的殖民地都比较友好与公平，同时也对英国比较公平。他说：

爱尔兰与美洲殖民地应该对减少英国的公债尽一分力量，这并不违背公平原则。英国的公债是为了维护光荣革命所建立的政府而形成的。目前，爱尔兰的新教徒在他们自己的国家所享有的权威、在自由财产与宗教方面所保有的每一分安全都是这一政府所赐。同样，也是由于这一政府，有几个美洲殖民地才有目前的特许状，结果也才有了它们目前的宪法，而所有美洲殖民地从此一直享有的自由安全与财产也得归功于这一政府。那种公债不但是为了保护英国，也是为了保护大英帝国所属的不同地区。

亚当·斯密特别提到爱尔兰的例子，他认为：

爱尔兰与英国统一以后，除了获得贸易自由以外，还得到了其他更重要的利益，而这些利益就绰绰有余地补偿了统一可能带来的增加任何税负的。由于苏格兰与英国统一，苏格兰的中下层人民就得以完全从过去一直压迫他们的贵族权势的宰割中解放出来。如果爱尔兰与英国统一，那么大部分爱尔兰人就能同样完全从压迫更甚的贵族制度中解放出来。这种贵族制度与苏格兰的贵族制度不同，不是根据家世与财产的差异而形成的，而是根据所有差异中最可憎的一种，即宗教与政治偏见而形成的。这种差异比任何其他的差异更会助长压迫者的强横与被压迫者的怨恨和愤怒，且常使同国居民相互仇视甚于任何不同国民间的仇视。如果爱尔兰没有与英国统一，那么爱尔兰的居民在许多世代大概都不会认为他们同属于一个民族。

至于美洲殖民地，亚当·斯密接着这样说：

这些殖民地从来就没有压制的贵族存在，不过，即使如此，从幸福与安宁的观点来看，与英国统一还是会得到很大的进展。至少可以使它们避免小型民主政体下的一些无法摆脱含怨仇视的党派纷争。这些党派纷争常常会破坏人们的感情，扰乱形式上的民主政府的稳定。如果与英国完全分离，这些党派纷争可能会激烈10倍。而这种分离情形似乎很可能出现，除非被这种统一行为阻止。在目前的骚乱情形开始之前，祖国的约束力量常能抑制那些纷争，使其不致恶化到超过粗暴与凌辱的程度。但如果这些约束力量被完全消除，那么它们就很有可能会公然施行暴力而造成流血的局面。在一个统一政府管制的大国，党派的意识在边远地区普遍都要比在帝国的中心淡薄，那些地区距离首都的距离，距离党派与野心激烈争夺的主要战场的距离，使它们不会轻易地在党派冲突中陷入任何一方的观点，使它们可以比较冷静、公平地观察所有党派的行为，苏格兰的党派意识就不像英格兰那样浓厚。在统一的情形之下，爱尔兰的党派意识恐怕比苏格兰更为淡薄，而美洲殖民地也将可能很快享有目前在大英帝国任何地区都未曾出现过的那种和谐一致的景象。不错，爱尔兰与美洲殖民地将会承担比现在更重的赋税，但是如果公共收入能忠实地用于国债的偿还，那么那些赋税的大部分就不会被继续征收，而英国的公共收入也许不久就能减少到刚好足够维持一个政府。

亚当·斯密认为，如果不推行这一乌托邦计划，就只有设法减少支出以减少公债。而要减少支出，他认为只有一种方法，那就是让这些殖民地脱离英国。因为追根究底，大部分公债之所以形成，就是要保卫这些殖民地。他说：

就是因为这些殖民地被认为是大英帝国的领土，所以这些费用才会花在它们身上，但是这些地区既未捐分文给公共收入，也未贡献兵力来支持帝国，实在不能视为帝国的领土。它们也许被当作帝国的附属品，只是一种属于帝国的华丽而显耀的装饰。

他更进一步地说，这一帝国的利益是一种幻想："它一直都不属于帝国，而只是一个帝国的计划；不是一座金矿，而只是一个挖掘金矿的构想。"这已经是一个花了许多公共费用的计划，但一直都没有任何利润，只给它们带来了损失。因为正如他一再指出殖民地贸易的垄断并不是为人民的利益而维持的，而是为那些特殊的商人利益而维持的。

现在，无疑是我们的统治者应该实现这一他们一直所陶醉的，或许也是人民所沉迷的金色美梦的时候了，或者说是他们应该从这一美梦中醒悟了，同时也应该设法使人民也醒悟过来。如果这一计划不能完成，那么就应该将之放弃，如果大英帝国的任何地区不能对整个帝国的维持有所贡献，那么现在英国就应该自己免除在战时保卫它们所承担的费用，也免除平时对民政与军事支持所付的费用，同时应该努力调整未来的意向与设计，以适应其实际所处的情况。

以上是亚当·斯密在其巨著《原富》中最后所说的几段话，从事实的发展中可知，的确是如他自己所说的，只是一种乌托邦的构思。因为就在他于1776年3月9日将此经典巨著出版不久之后，美洲13个殖民地就于同年7月4日宣布独立，建立了一个对此后世界发生重大影响的“美利坚合众国”，这就是当今世界最大政经强国、被称为“世界警察”的“美国”。公债将会造成“债留子孙”的恶果，斯密在240多年前就明确指出，而“公债亡国”也早被有识者提出，奈何子孙不受教！当今“大债时代”的景况，配合世人贪婪自私、道德败坏，正走向毁灭的边缘，看来只有重向斯密取经，在《道德情操论》中找寻药方才能幸免！

亚当·斯密看乐透彩

《原富》和《道德情操论》的中译者谢宗林在2002年9月5日的《经济前瞻》上发表了《亚当·斯密看乐透彩》这篇文章，描述斯密对不理性的赌博行为的解释，他是这样写的：

在纯粹公平的抽奖赌局里，中奖的那些人获得的全部奖金，应该等于抽到空签的那些人全部输掉的金额。根据此一定义，发售的乐透彩显然是一种不公平的赌局。另一方面，根据经济学教科书，在不确定的情况下，理性的行为追求最大的预期效用。假定财富的效用递减，则理性的人必然会规避风险，绝不会主动引发风险而参加公平的赌博，更不用说参加不公平的赌博。然而，发售乐透彩的银行却是大发利市。这也许是因为每个买彩票的人都认为自己会比别人幸运，因此主观上有很好的理由参加赌局，尽管该赌局是客观的不公平的。

被称为“经济学之父”的《原富》的作者亚当·斯密便是以财富的效用递增以及赌徒认为自己会比别人幸运来解释看似不理性的赌博行为。他的解释颇为有趣，他说：“对自己的能力过于自负，是历代哲学家与道德学家经常提到的大部分人的一个老毛病。人类过于高估自己的运气，虽然同样荒谬，但是少有人注意。然而，事实上，这种少有人注意的老毛病很可能更为普遍。凡是活人，只要他们身体和心情还不错，就多少会有这种毛病。对于成功的概率，每个人多少都会高估；对于失败的概率，大多数人会低估，而几乎每一个身体和心情都还不错的人，都不可能会高估。成功的概率自然会被高估这回事，我们可以从彩票抽奖的赌局普遍都经营成功中，瞧出端倪。过去世上从来没有，将来也不可能看到，纯粹公平的彩票，即所有赌赢的奖金等于所有赌输的钱，因为纯粹公平的彩票不能让经营赌局的人赚钱。在政府经营的彩票抽奖赌局里，每一张彩票的真实价值，本来便小于认购者付出的价格。然而，在市场上，彩票的销售价格通常高于认购价格的百分之二三十，甚至百分之四十。之所以有这样强烈的需求，唯一的原因是人们妄想获得少数几个大奖。即便是头脑最清醒的那些人，也很少认为花一点钱买一个机会获得一两万英镑是一桩蠢事，尽管他们知道，那点钱虽然不多，但仍然比获奖机会的真正价值高出百分之二三十。相反，如果中奖的彩票奖金顶多是20英镑，那么便不会有很多人想买彩票，尽管在其他方面，这种彩票比一般政府彩票更接近纯粹公平的抽奖赌局。为了有更好的机会获得一些大奖，有些人买了好几张彩票，另外有些人合起来共同买了更多张彩票。然而，彩票买得越多，就越可能输钱，在数学上是一个极端确定的命题。把全部的彩票买下来的人，输钱的概率是百分之百；买的彩票越多，也就越接近这样确定的程度。”[1]200多年前的人性描述于今仍然适用，实在有趣。

至于常人低估失败概率的例子，亚当·斯密说：“我们可以

[1]《原富》第一卷第十章。

从一般保险人获利微薄推知人们时常低估失败的概率，或至少很少高估。任何火灾或海上保险事业，若要持续经营，通常的保费收入，除了必须足够偿付通常会发生的事故损失外，还必须足够偿付保险事业的管理费用，并且让保险业的资本获得相当于其他普通行业的利润。如果被保险人支付的保费不比这个多，那么他所支付的保费显然不会大于危险的真正价值；也就是说，这个保费是让他的危险获得保障必须支付的最低合理价格。虽然有许多保险人赚了一点点钱，但极少有人因经营保险事业而发大财。单凭这一点，我们似乎便可判定，和其他普通行业相比，保险业的平常利润显然不是很高，毕竟有更多人在其他普通行业发了财。然而，尽管保费通常不高，但很多过于轻视危险的人还是不愿意买保险。就我们全国平均来说，每 20 栋房子中有 19 栋，甚至也许是每 100 栋房子中有 99 栋没有火险保障。”[1]

这段引文讲了保险业利润微薄，读者或许认为与台湾不符。其实，台湾保险业以往的风光，是当局限制金融产业竞争的结果。在金融业开放竞争后，保险业利润已大不如前。事实上，按照日本泡沫经济崩溃后的经验教训，在贷款利益长期滑落的情况下，出售长期高收益人寿保险合约的业者处境艰难，不下于呆账比例过高的银行。

高估成功的概率而低估失败的概率，不限于赌徒或一般民众，擅长计算的企业家也不例外。亚当·斯密说：“各行各业的

[1]《原富》第一卷第十章。

平常利润率，因投资获利的不确定性大小不一，而多少有所不同……但是，平常的利润率似乎不会随着投资获利风险的提高而成比例地上升；也就是说，平常利润率上升的程度似乎不足以充分补偿风险提高的程度。破产倒闭的个案最常发生在投资风险最高的行业。在这里，奢望成功的心理似乎也像在所有其他场合那样发挥作用，诱使太多人冒险投入高风险的行业，以致他们的竞争把利润压低到充分补偿投资风险所需的水平以下。若要充分减少风险，那么一般的投资报酬除了必须高于平常的资本利润外，高出的部分还必须弥补所有偶尔发生的损失，并且让冒险的投资者额外得到一般保险人享有的那种正常利润。但是，如果一般的投资报酬达到这样高的水平，那么在高风险的行业里破产倒闭的个案就不会比在其他行业更为常见。”[1]那么，对于亚当·斯密200多年前的观察，读者以为然否？

是的！大家能认同吗？毕竟同样都是“人”！

[1]《原富》第一卷第十章。

《原富》内容精要

亚当·斯密于1768年开始着手写《探究国民财富的本质和成因》(即《原富》)。1773年,《原富》已基本完成，然后亚当·斯密花了3年时间润饰该巨著，初版于1776年3月，也就是在美国建国和《独立宣言》发表的那一年面世。

《原富》共分五卷。第一卷共分为十一章，主要内容是分析形成以及改善劳动生产力的原因，分析国民财富分配的原则。第一卷从国民财富（国富）的源泉“劳动”，说到增进劳动生产力的手段“分工”，因分工而起“交换”，接着论及作为交换媒介的“货币”，再探究商品的“价格”以及价格的构成成分“工资、地租和利润”。第二卷论物品积蓄的性质、累积及运用，共分为五章，主要内容是讨论资本的性质、累积方式，分析市场对劳动数量的需求取决于工作性质。第三卷论不同国家财富增加的过程，共分为四章，主要内容是介绍造成当时比较普遍重视城市工商业、轻视农业政策的原因。第四卷论政治经济学的思想体系，共分为九章，主要内容是列举和分析不同国家在不同阶段的各种经济理论。第五卷论君主或国家的收入，共分为三章，主要内容是列举和分析国家收入的使用方式是为全民服务还是只为少数人服务，如果是为全民服务，那么有多少种开支项目，各有什么优缺点，以及为什么当代政府都只有赤字和国债，这些赤字和国债对真实财富的影响，等等。

书中总结了近代初期各国资本主义发展的经验，吸收了当时的重要经济理论，对整个国民经济的运作做了系统的描述，被誉为“第一部系统的伟大经济学著作”。此书出版后引起了大众广泛的讨论，影响所及除了英国本地，连欧洲大陆和美洲也为之疯狂。《原富》的首次出版标志着“经济学作为一门独立学科的诞生”，在资本主义社会的发展方面，《原富》起了重大的促进作用。

18 世纪结束以前，《原富》就已经出了 9 个英文版本。人们以“一鸣惊人”来形容《原富》的出版，并一致公认亚当·斯密是一门新学科（政治经济学）的创始者。亚当·斯密因此而声名显赫，被誉为“知识渊博的苏格兰才子”。据说当时英国政府的许多要人都以当“斯密的弟子”为荣。国会进行辩论或讨论法律草案时，议员常常征引《原富》的文句，而且一经引证，反对者大多不再反驳。《原富》在发表之后，被译为多国文字，传到国外。一些国家在制定政策时，都将《原富》的基本观点作为依据。《原富》不仅流传于学术界和政界，而且一度成为不少国家社交场合的热门话题。

《原富》一书的写作技巧高超，思路清晰，拥有广大的读者。斯密反对干预商业和商业事务、赞成低关税和自由贸易的观点，在整个 19 世纪对政府政策都有决定性的影响。事实上，他对这些政策的影响，在今天人们仍能感觉出来。

《原富》的伟大成就之一是摒弃了许多过去的错误概念。亚当·斯密驳斥了旧的重商主义，这种学说片面强调国家储备大量金银的重要性。他否决了重农主义者的土地是价值的主要来源的观点，提出了劳动的基本重要性。他的分工理论重点强调劳动分工会引起生产的大量增长，抨击了阻碍工业发展的一整套腐朽的、武断的政治限制。

《原富》的中心思想是，看起来似乎杂乱无章的“自由市场”，实际上是一个自行调整机制，自动倾向于生产社会最迫切需要的货品种类的数量。例如，如果某种需要的产品供应短缺，其价格自然上升，价格上升会使生产者获得较高的利润，由于利润高，其他生产者也想要生产这种产品。生产增加的结果会缓和原来的供应短缺，而且随着各个生产者之间的竞争，供应增长会使商品的价格降到“自然价格”，即生产成本。谁都不是有目的地透过消除短缺来帮助社会，但是问题却被解决了。用亚当·斯密的话来说，每个人“只想得到自己的利益”，但是又好像“被一只看不见的手牵着去实现一种他们根本无意要实现的目的……他们使社会的利益增加，其效果往往比他们真正想要实现的还要好”。

斯密在《原富》中最后要回答的问题是，在社会的长期演进中，经济制度究竟是怎样在历史的大舞台上发生作用的。这个问题的答案见《原富》第五卷，他列举了社会发展的四个主要组织阶段，除非由资源的匮乏、战争或政府的坏政策予以阻止，否则这些阶段是会一个接一个实现的。这四个阶段是：猎人的最初“野蛮”阶段，原始农业的第二阶段，庄园“耕作”的第三阶段，商业上相互依存的第四阶段。每一个阶段伴有与它的需要相适应的制度。例如，在猎人的最初“野蛮”阶段中“没有任何财产……因此，也就没有任何确立的行政长官或正规的司法行政”。随着牛群和羊群的出现，产生了比较复杂的社会组织形式，不仅包括“可怕的”军队，而且有不可缺少的法律和秩序堡垒。斯密思想的核心是：这种制度是保护特权的工具，不能用自然法为之辩护。他说：“文官政府是为了财产的安全而设立的，实际上是为保护富人、反对穷人而设立的，即为了保护有些财产的人和反对根本没有财产的人而设立的。”最后，斯密描述从封建主义走向一个需要有新制度的社会阶段，这种新制度是由市场确定的，而不是由同业公会确定的。这种新制度是自由的，而不是受政府限制的。这在后来被称为“自由放任的资本主义”，斯密称之为“完全自由的制度”。这种物质生产基础的连续改变将带来上层建筑的必然改变，这和马克思主义的历史观有明显的相似之处，可是也有一个重大的差别：马克思主义体系中最后动力是阶级斗争，而在斯密的哲学史中，主要的推动机制是“人性”，由自我改善的欲望所驱使，由理智所指导。最后，值得一提的是，在《原富》中，斯密在一定程度上预见了马尔萨斯人口过剩的观点，也就是马尔萨斯在1798年发表的《人口论》中宣称的，“人口增长”已远远超过“地球供养人类的能力”，即人口成等比或几何级数增加，粮食成等差或算术级数增加，人类将陷于“贫穷的陷阱”中。

第四章

《道德情操论》出版沿革、内容与精义

如何看待亚当·斯密在生前投注毕生心血而进行数次轮流修订充实的《原富》和《道德情操论》这两本书之间的关系，从 19 世纪中叶起，也就是在《道德情操论》初版发行约 100 年后，迄今一直是某些经济思想史学者在所谓“亚当·斯密真的有问题吗？”的标题下所争论的问题。

亚当·斯密之所以有时间和精力完成《原富》这本经典巨著，主因是他在1759年写出的《道德情操论》大受好评，连在欧洲大陆都获得了极大的赞扬，斯密也因而挤进英国顶尖哲学家行列。而休谟将该书送给汤森这位大人物，汤森读后大为佩服，于是重金聘请斯密当其继子的导师，让师徒两人游学欧洲数年，在此期间，斯密更是孕育了《原富》。由此可知《道德情操论》的重要性，它比《原富》更根本。

《道德情操论》出版沿革

《道德情操论》初版于1759年问世，其后历经5次修订改版，第二版发行于1761年，第三版发行于1767年，第四版发行于1774年，第五版发行于1781年，最后一版（第六版）则发行于1790年（斯密也在这一年撒手人寰）。

第二版的修订内容主要是回应一些研究哲学同人的批评，澄清一些关键性的概念，特别是“同情心”的性质。第三、四、五版和第二版几乎相同，但第六版则有大幅度增订，如斯密在该版新增的“告读者”中所言，主要的增订部分在第一篇第三章第三节（《论钦佩富贵与藐视贫贱的心理倾向腐化我们的道德判断》章节全部都是新增）、第三篇第一章第四节（主要讨论斯密所谓“存在我们心中的那位公正的旁观者”或一般所谓“良心”的形塑过程与运作原理）、第六篇（“论好品格”，全部新增）、第七篇第四章有关义务与诚实的段落，以及把前几版中散见于全书各处有关斯多葛哲学的大部分段落并到第七篇第二章。第六版（最后一版）的增订显然是斯密在1776年写出《原富》之后，经过长期深思熟虑，结合其个人丰富的人生阅历与公职服务经验，以及同样丰富的历史学识而得到的结果。

《道德情操论》全书内容

第六版的《道德情操论》分成七篇。第一篇“论行为的合宜性”分成三章：第一章论合宜感，第二章论各种情感合宜的程度，第三章论处境的顺逆对人类评论行为合宜与否的影响。

第二篇“论功劳与过失，即论奖赏与惩罚的对象”也分为三章：第一章论功过感，第二章论正义与仁慈，第三章论运气如何影响人类对于行为功过的感觉。

第三篇“论我们品评我们自己的情感与行为的基础，并论义务感”没分章，共有六节：第一节论自许与自责的原理；第二节论喜欢受到赞美与喜欢值得赞美，并论害怕受到谴责与害怕应受谴责；第三节论良心的影响与权威；第四节论自欺的性质，并论概括性规则的起源与应用；第五节论概括性道德规则的影响与权威，以及这些规则应当被视为神的法律；第六节论在哪些情况下，义务感应当是我们唯一的行为原则，以及在哪些情况下，它应当获得其他动机的赞许。

第四篇“论效用对赞许感的影响”，本篇只有两节：第一节论合用的外表赋予所有工艺品的美，并论这种美的广泛影响；第二节论合用的外表赋予人的性格与行为的美，并论这种美在何等程度内，可以被视为赞许该性格或行为的一个根本要素。

第五篇“论社会习惯与时尚对道德赞许与谴责等情感的影响”，本篇也只有两节：第一节论社会习惯与时尚对美丑概念的影响，第二节论社会习惯与时尚对道德情感的影响。

第六篇“论好品格”分成三章：第一章论个人的性格中，影响其自身幸福的那一面，或论审慎；第二章论个人的性格中，影响他人幸福的那一面；第三章论克己。

第七篇“论道德哲学体系”分成四章：第一章论道德情感的理论应该探讨的问题；第二章论各种说明美德性质的学说；第三章论各种关于赞许原理的学说；第四章论不同的作者处理道德实务规则的方式。

《道德情操论》在1790年发行的第六版（最终版本）已由谢宗林先生于2007年1月译成中文出版，如在第三章中提过的，谢先生被认为是翻译斯密名著的最适当人选，他也因为译出《道德情操论》，而在2009年11月参加“《道德情操论》出版250周年纪念论坛”。谢宗林以“道德情感论”为中译本的书名，舍弃为人熟知的“道德情操论”，他认为情“感”较为贴切。我们或许会以为这本书难销，实情是：中译本不但畅销，而且是“长销”，没有时效的问题。众所周知，温家宝对《道德情操论》赞誉有加，不论其动机如何，对销路确有助益。

亚当·斯密刚开始在格拉斯哥大学的课堂上（当时上这门课的学生主要是年龄在13～14岁的苏格兰贵族子弟）讲授他的道德哲学时，他的讲义很可能是从收编在《道德情操论》第七篇里的一些论述开始的。例如，该篇第一章第二段说道：“在论述道德原理时，有两个问题需要考虑。第一，美感或美好的品行究竟是什么？或者说，是什么格调的性情和什么取向的行为构成卓越和值得称赞的品行，构成那种能自然而然受到尊敬、推崇与赞许的品行？第二，这种品行，不管它是什么，究竟是被我们心里面的什么能力或机关推荐给我们的，令我们觉得它是值得称赞的？或者换句话说，究竟透过什么机制，以及怎么运作，以至我们的心灵会喜欢某一种行为取向，而不喜欢另一行为取向；会把前者称为是对的，而把后者称为是错的；会认为前者是受赞许推崇与奖赏的对象，而后者则是该受责备、非难与惩罚的对象？”这就是很适合作为全书导论的第一段话。

谢宗林建议读者可从此处开始阅读这本书，好处是可以很快地对全书的讨论架构有一粗略的鸟瞰。坏处是直接阅读这部分可能会觉得枯燥乏味。谢宗林提醒读者，斯密在第一版至第五版对前述第一个问题并未详述他个人的看法。这一项缺憾直到第六版增订了第六篇之后，才获得补正。因为少了第六篇关于实务上什么是好品格的论述，所以是一项缺憾。按照斯密的说法，是因为：

第二个问题的答案虽然在理论上极为重要，但在实务上却是一点也不重要。那些探讨美德性质的研究，必然会对我们在许多特定场合的是非对错观念产生影响。但是，那些探讨赞许之原理的研究，却不会有这种效果。探讨那些不同的念头或感觉来自我们心中的什么机关或能力，纯然只是一种哲学上的好奇。（第七篇第三章的导论）

斯密把我们心中运作的那些促使我们赞许或非难任何品行的机关或能力，比作决定各个天体运行的万有引力，不管各个天体知不知道有万有引力，它们仍旧受万有引力的牵引运动，所以，我们知不知道那些机关或能力，都不会妨碍那些机关或能力的运作。斯密自谦出于“哲学上的好奇”所尝试建立的那个以同情心为基础的理论主张是这样的：

当我们赞许任何品行时，我们自己所感觉到的那些情感……来自四个在某些方面彼此不同的源头。第一，我们对行为人的动机有同情心；第二，我们对因他的行为而受惠的那些人心中的感激有同情心；第三，我们观察到他的品行符合前述那两种同情心通常遵守的概括性规则；最后，当我们把他的那些行为视为某一有助于增进个人或社会幸福的行为体系的一部分时，它们好像被这种效用染上了一种美丽的性质，好比任何设计妥善的机器在我们看起来也颇为美丽那样。在任何一个道德褒贬的实例中，扣除了所有必须被承认来自这四个原理的那些道德情感后，我将很乐意知道还有什么情感剩下。（第七篇第三章第三节第十六段）

斯密大体上在本书第一篇说明前述的第一个源头，在第二篇说明第二个源头，在第三篇说明第三个源头，在第四篇说明第四个源头，在第五篇说明评估社会习惯与时尚对我们的同情心或道德判断的影响与扭曲。斯密认为，社会习惯与时尚对道德判断能产生的比较重大的影响仅限于少数几个特殊与过时的习俗，至于那些一般品行风格所产生的影响并不是很大。

真正对一般品行风格的道德判断有重大影响的，也许是钦佩富贵与藐视贫贱的心理（第一篇第三章第三节）、敌对的党派斗争（第三篇第三节第四十一、四十二与四十三段）与宗教狂热（第三篇第六节第十二段）等等，这些会严重妨碍与扭曲同情心运作的情况。

这门课是他所谓“自然法理学”（在好几处地方，亚当·斯密显然是在暗示，《道德情操论》所代表的伦理学是立法者的必修课程）的先修课程。他认为：

所有角色中最伟大与最高贵的角色是伟大国家的改革者与立法者，他以暗藏在那些被他建立起来的制度里的智慧，在他身后连续许多世代，确保着国家内部的平静和同胞的幸福（第六篇第二章）；但是，要在他所建立起来的制度里暗藏智慧，一个立法者显然必须自己先获得智慧，即一个立法者必须对人性在各种不同的制度规范与引导下会产生什么样的行为与后果，有深远与广泛的了解。

譬如，他必须分辨仁慈与正义的美德：

仁慈总是自由随意的，无法强求……（正义）不是我们自己可以随意自由决定是否遵守的，而是可以使用武力强求的。（第二篇第二章第一节）

正义的规则与其他美德的规则的区别是：

正义的规则是唯一精密准确的道德规则，所有其他的道德规则都是松散的、模糊的以及暧昧的。前者可以比作文法规则，后者可以比作评论家对什么叫文章的庄严优美所定下的规则，比较像是在为我们应该追求的完美提示某种概念，而不是什么确实可靠的、不会出错的指示，供我们用来达成完美。（第七篇第四章第一段）

因此，立法者的首要责任是制定或恢复正义的法律。至于立法“迫使……人民遵守一定程度的合宜性，彼此之间要仁慈对待”，有时候也许是可以做到的：

然而，在立法者的所有责任当中，若想使这项工作执行得当，则最需要大量的谨慎与节制。完全忽略这项工作，国家恐怕会发生许多极其严重的失序与骇人听闻的罪恶，但是如果这项工作推行过了头，恐怕又会摧毁一切自由、安全与正义。（第二篇第二章第一节）

由于各种历史偶然的因素阻碍自然的正义情操充分发挥影响：

各个制定的法律体系，作为人类在不同时代与国家的情感纪录（这句话隐含某种“法律不外乎人情”的意思，因此，研究人情义理的《道德情操论》应有助于研究法律与政府的一般原理。研究那些原理在不同的时代与社会发展阶段所经历过的各种不同的变革，不仅在有关正义的方面，而且也在有关公共政策、公共收入、军备国防以及其他一切法律标的方面，具有鉴往知来的作用），固然应当享有最大的权威，但绝不能被视为是什么精确的自然正义规则体系。法律学者针对不同国家的法律体系内各种不同的缺陷与改进所做的评析，应该……让他们把目标放在建立一套或许可以恰当地称作自然法理学的体系，即建立一套一般性的法律原理上，这套原理应该贯穿所有国家的法律体系，并且应该是那些法律体系的基础。

斯密立志对这个目标做出贡献，他在1759年《道德情操论》第一版的最后一段承诺：

我将在另一门课程中努力说明法律与政府的一般原理，说明在不同的时代与社会发展阶段所经历过的各种不同的变革，不仅会体现在有关正义的方面，而且也会体现在有关公共政策、公共收入、军备国防以及其他一切法律标的方面。（这三段引文全都摘自第七篇第四章）

他在1776年出版的《原富》中部分履行了这个承诺，至少就公共政策、公共收入与军备国防的部分而言是如此。可惜，剩下的有关正义的法律原理部分，他生前未能完成。

《道德情操论》的精义

《道德情操论》的中译本，其篇、章、节的名称如上文所示，而施建生教授将全书的精义归为四项：

其一，“同情心是道德判断的根源”。斯密开宗明义就提出“同情心”是对人类社会活动中各种行为所做的道德判断之根源。他用同情这一观念来解释两种不同的道德判断：第一种是关于行为之适宜与否的判断，也就是对于一种行为之对或错的判断；第二种是关于行为之功或过的判断，也就是对于一种行为应加以赞许或责备的判断，或者应加以赞赏或惩罚的判断。

斯密认为，第一种判断是对于行为人之动机是否同情所产生的结果。举例来说，如果我看到张三在帮助一位跛脚的老妇过马路，我同情他的仁慈，结果认为这是适当的行为。如果我是他，我也会这样做，这就是第一种判断。同时，我发觉这位老妇对张三这种行为表示很感激而我也有同感，我就感觉到这种行为是值得赞许的，这就是第二种判断。另一方面，如果我看到李四将一只妨碍他行走的猫踢开了，我就认为李四这种因受到一点侵扰，就做出如此粗暴的反应太过分了，而有反感，这就是第一种判断。同时，我也看到那只猫因而感到愤怒而表示同情，认为李四这种反应应予以谴责，这就是第二种判断。

对于上例中之“我”的反应，亚当·斯密就提出一个“旁观者”（spectator）的概念来表示一般的情形。上例中的“我”就是旁观者，旁观者对于张三的反应表示同情，如果他自己也处于张三同样的境况，他也会这样做，对于老妇的反应，他也表示同情。如果他自己处于老妇的情境，他也会表示谢意。同样地，对于李四的反应，旁观者则表示反感，如果自己也处于同样的境况，也就不会这样粗暴，对于猫所怀的愤怒，他也会有同样的反应。由此可见，在斯密心目中，同情心是与每个人意想力的发挥不可分的。

同情心可以促使社会团结，这在将“同情心”一词作出最普通解释的情形之下显然是实实在在的。例如，当我们看到别人感到哀伤或需要帮助时，我们就会前去安慰或协助。这种同情心促成了我们分担别人感受的责任意识，是我们所采取行为的动机。在亚当·斯密的心目中，同情心是以另一种不同的方式发挥了它促进社会合群的功能。

每个人，或者说差不多每个人，都会因得到别人的赞许而喜悦，都会因得不到别人的赞许而难过。我们从经验中都可获知，如果自己对某种情况的感觉及反应，与旁观者对同样的情况所表达的感觉及反应一致，就会得到他们的赞许，反之则否。

这时，我们为了得到他们的赞许，就会设法加以改正自己的感觉及反应。例如，如果我们对于某件事感到哀伤超过了一般旁观者所感到的程度，我们在以后就会设法自制。

这种行为人与旁观者对事件的反应之所以有所不同，一部分是由于各人的天性都有差异，另一部分也是由于对于他人之反应如何，如上所述，都是凭个人的意想而形成，而意想的状况毕竟不是实际的状况，其间的差异自然不可避免。但是，如果经过一番努力改正，两者的差异必可减少，减少到足以维持社会的和谐。

我们已经说明斯密以旁观者的观点来判断他人之行为与性格的理论，接着要问的是，我们又要如何来判断我们自己的行为与性格呢？对这一问题的答案是构成斯密的伦理理论之最具原创性与最精致的部分。就斯密来看，我赞许或不赞许自己的行为，是设想自己居于旁观者的地位来进行判断。再以上面提到的李四反应不当的例子来说，假定我自己是李四，再假定我也会像李四那样，因为一只猫妨碍我的行走，就将它踢开，我就会对自己说："不，不能这样，这样做是错的。"斯密认为"我"在道德上所做的这种判断，就是由于旁观者会做这种判断的结果。

如果说斯密的理论只是如此而已，则显得太简单了。毕竟旁观者也是人，也会犯错。他们可能不知道许多有关的事实，可能会误会他人的动机，斯密认为，行为者本人所了解的相关事实也许要比旁观者多，他自己是对自己行为之较好的判断者。不过，他自己也会依据自己的利益而对相关事实的了解有所不足，这时他必须使自己不为自己的利益所局限，而作为一个"公正的旁观者"(impartial spectator)。为了避免自欺，我们应该设法"以他人看我们的那种眼光，或者以他人知道全部事实时，将会用来看我们的那种眼光，来看我们自己"。但是，这仍会是事实——我们可能相信实际的旁观者的判断是受到有些相关的未知事实而形成的，会认为不是那么美满。

斯密说，尽管如此，我们仍要使自己成为一位完全不牵涉自己理想的公正旁观者，并以此来做出我们的道德判断。如果我们发觉那位想象中“在我们自己胸怀中”的公正旁观者，会对我们想要做的事或者对我们已经做了的事产生同情心，我们就会赞同；如果那位想象中的公正旁观者不产生同情心，我们就会不赞同。公正的旁观者会成为我们行为的引导。

所以，在亚当·斯密的伦理学中，同情心以及期盼能受到他人赞许的愿望，就使我们“要多为他人着想，而少为自己着想”“要克制我们的私心，同时要发扬我们的仁慈”“这样才是至善至义的人性”。“只有这样才能在人间产生情绪与感受上的和谐，并在其中充满着所有的仁慈与妥适。正如我们必须像爱我们自己那样地去爱我们的邻人是基督教伟大的律规，我们爱我们自己的程度也必须只能像我们爱我们的邻人那样，或者同样可以这样说，我们必须只能像我们的邻人能够爱我们的程度来爱我们自己，也是自然女神给我们的伟大教训。”

以上就是亚当·斯密所建立的以同情为基础的理论大要。他认为，同情心就像万有引力激发天体自然运行那样，使人类社会像一个整体一样和谐地运行。这种同情心的产生不是来自人的理性，而是来自自然女神的赋予。“当她为社会创造人时，就赋予他一种原始的愿望，要他去取悦他的同胞，”正如斯密在《道德情操论》一开头就说，“不论人是如何自私，在他的本性中显然都有些原则使他对他人的幸福表示关心，让他认为使他们幸福是他所迫切需要的，尽管他除了看到他们幸福之外，并没有得到什么。”

其二，“正义是社会秩序的基石”。亚当·斯密认为，人是一种积极的自我关注的动物。人有许多合情合理的追求目标，如重要的财富，自然应该任其积极地去追求。但在追求过程中，就可能会伤害他人的利益，这就应该予以防止。那么如何防止呢？主要就是要制定一些合乎道德的行为规则，希望大家遵守。这些规则要如何制定呢？这就需要根据各人的经验综合而成。

斯密说：“一般性的道德规则是这样形成的——它们最后是根据我们的道德修养与对行为的功过，以及适宜性的自然意识，在各种事例中所做的赞许与否的经验而建立的。我们当初之所以赞许或谴责某些行为，不是因为经过检视后显示它们不符合，或违背一般性之道德规则的某一条。相反，一般性的原则是从对所有属于某类的行为或者在某种情况之下所发生的行为，表示赞许与否的经验中产生的。”

这些规则就提供了各人能在所有不同情况之下，判断行为的标准。大家都会遵守它们，以求获得社会的赞许与上苍的维护。这些规则的本身就有不同的性质，其中涉及正义的规则就正如文法中的规则，其他的道德规则正如评论者为了达到文章的优美所确立的规则。前者是简明的、准确的和不可省略的，后者则是松散的、含糊的与不确定的。

正义的规则无疑是社会中不可缺少的，因为斯密认为：“虽然自然女神劝勉人类要多多为善行仁，但她没有想到如果没有做到，就要实施暴力予以惩罚。仁慈是增添社会建筑光彩的装饰品，它并不是支撑社会建筑的基础。所以，只要建议实践仁慈就可以了，不必强求；相反，正义则是支撑整座建筑的主要栋梁。没有仁慈，社会仍可存在，虽然不是存在于最舒适的状态。但是没有正义，必定会使社会全部毁灭。”

斯密还进一步指出，社会秩序必须具备的先决条件是，体现正义规则的成文法，并组成一个政府，由其彻底推行。因为正义固然重要，但社会上一般人士仍有许多不能将之完全实施，他说：“由于违背正义是人们绝对不肯彼此忍受的，民政长官就不得不运用国家的权力，强制人民实施这一美德。没有这种预防，公民社会将会变成一个流血混乱的场地，每当每个人自己认为受到伤害时，就会以他自己的双手为自己报仇雪恨。”

其三，“私利是公共福祉的基石”。斯密认为，人生来就是要有所作为，如果不为自己的利益而努力，是为人所轻视的。在他的心目中，雄心壮志是为人所赞赏的，如果人们在审慎与正义的范围内追求自利是完全正当的。他说：“人类比较容易同情我们的喜悦，不容易同情我们的悲伤。所以，我们倾向于夸耀我们的财富，而掩藏我们的贫穷……我们之所以追求财富，避免贫穷，主要就是因为考虑到人类有这样的感受。不然活在世界上，所有这样的忙碌辛勤地工作又是为了什么？所有贪婪与野心，所有财富、权力与地位的追逐，其所要达成的目的又是什么？ ……在人间产生了相互竞争的现象，只是因为大家都希望能改善自己的生活，而大家所能得到的利益又是什么？我们希望能由得到的所有利益，来吸引他人能以同情、满意、赞许的态度来观察我们、礼遇我们、重视我们。这是虚荣，不是舒适或享乐。但是，虚荣总是建立在相信‘这样的话，我们就会得到他人之注视与赞许’的基础上。”

另一方面，斯密也感到世界上还有无数人需要得到实际的财富才能维生，于是他提到了富人创造的财富。除了对富人会发生以上所述的情形外，还会产生另外一些利益。当人们看到富人的壮丽大厦或者名牌汽车时，就会羡慕生活于其中的人们一定会获得舒适的生活。因此，斯密认为，他们会忍受毕生的困苦而辛劳地工作，以期亦能获得这样的享受。

同时，这也会驱使我们对于学术与艺术的生活有所改进。斯密说：“正是这种幻想激起他们去开垦土地、建造房屋、创立城市与国家，去发展与改进所有的科学与技术，以改善人类的生活，正是这种幻想完全改变了整个地球的面貌，将荒漠的原始森林变为可耕的肥沃平原，使荒芜且不结果实的海洋成为供应生计的新资源与通达全球各国的快捷大道。”

富人所获得的财富虽然甚多，但他们真能花费的则仍然有限。斯密说：“富人只不过能从一大堆物品中挑选一些最珍贵的与最适宜的。他们所消费的只比穷人多一点，尽管他们生性自私与贪婪。虽然他们只顾自己的便利，虽然他们雇用数千万人所要达到的唯一目的，只在满足他们那些无谓的贪求、无厌的欲望，但他们终究还是与穷人分享所有他们改进而获得的成果。他们是听由一只看不见的手引导，几乎将生活必需品分配得正像将土地平分给所有人一样，就这样毫无用心地、不知不觉地增进了社会的利益。”

这是不是追求自利正促进公益的增加？自利也就这样成为公共福祉的基石。

其四，“美德与美好社会的组成”。在讨论道德的起源与性质之后，亚当·斯密就对于一个真正有美德的人所必须具有的品格加以确定。他认为这可以从两个方面来看：一方面是影响他个人幸福的品性，另一方面是影响他人幸福的品性。前者是“审慎的美德（virtue of prudence）”，后者是“正义的美德（virtue of justice）”与“仁慈的美德（virtue of beneficence）”。除这三项外，“自制”或“克己”也相当重要，虽然它并不常常是一种行善的力量。

“审慎”是攸关个人健康、财富、地位与名誉的德性，因为这些都是一个人的幸福寄托。“正义”是要我们注意不要伤害别人，这是社会生活赖以持续所切需的。

“仁慈”是要增进他人的幸福，以改善社会生活，这是不能强求于人的，但人如能发挥这种品德，当为他人所铭记与感谢。“克己”是将我们的激情加以约束，例如，恐惧可能会压制我们的愤怒，但当我们不感到恐惧时，愤怒仍会爆发。如果有人将自己受到伤害这件事告诉他的同伴，而他的同伴对这件事的反应则不像他那样愤怒，比较温和。经过了这样的过程以后，他就会不再反应如此激烈而是有所约束了，这就是自制或克己的意义。

我们都有一种自然的倾向——最关心我们的利益，其次是我们自己家庭的，然后是我们朋友与其他熟人的。我们对于自己国家利益的关心，也超过对其他各国。但是，斯密认为，仁慈是没有界限的，因为人类比个人更重要，一个真正有德性的人应该为全世界更重大的利益而牺牲，虽然事实上是不易办到的。

自然女神事实上是鼓励个人去承担自我牺牲的工作，我们也敬佩人们克己而从事这种牺牲。但是，人会为善良的事务而牺牲，也会为了不善良的事务而牺牲。英雄的克己精神可能变为狂热分子刚强的决心。

我们对于人类的爱不同于对国家的爱。对于国家的爱牵涉对一国的组织与宪法的尊重与崇敬，以及对于我们同胞之幸福的热烈追求，通常两者都是可以同时达到的。但在发生政治动乱时，两者则可能相互冲突，在这种情形之下，政治人物将会提出一些全面改革的建议。他们会不顾原有制度已提供的利益而主张将之推翻，另外提出一种合理的制度，但这是违背人性的。

斯密说："热衷理论体系的人……都认为自己的见识非常高明，往往非常醉心于他自己那套政府的理想计划，认为非常美满，不能忍受任何改变。他会努力将之全部建立，完全不顾反对者之巨大的利益或强烈的偏见。他似乎认为，他能将一个巨大社会中的各个不同分子安排得妥当，像他能将不同的棋子安排在棋盘一样容易。他没有考虑到棋盘上的棋子，除了被棋手如何安排它们之外，没有其他行动的原则；但是人类社会这个大棋盘，其中每个分子都有自己的行动原则，完全与立法机关所想指点它们的不同。"

自由与自然女神对于和谐运作社会之创造所能发挥的领导才

能，要比狂热分子与幻想家之自负的理智可靠得多。我们不能放任这些人的摆布，我们不能放弃我们的自由，这是我们大家所必须信守的理念。

以上是施建生教授所归纳的《道德情操论》的四项精义。值得一提的是，这本经典著作的译者谢宗林先生也在东吴大学兼任教授经济思想史，他所传授的是奥地利学派米塞斯、哈耶克和亚当·斯密等人的思想。而这些思想家抱持的是自由放任、自由市场的观点，或是一般认为的（纯正的）资本主义。自工业革命以来，贫富悬殊、资本家剥削劳动者就被广泛渲染，穷人的生活被描绘得甚为悲惨。在21世纪的今天，低薪、百分之一富人相对百分之九十九低收入的极度收入分配不均受到全球关注，年轻人对于低薪、贫穷甚感恐慌，谢宗林的一位学生在课堂上提问说："在资本主义社会里，穷人怎么办？"谢宗林建议他读一读《道德情操论》第四篇。如上文介绍过的，该篇篇名是"论效用对赞许感的影响"，只有两节：一是论合用的外表赋予所有工艺品的美，并论这种美的广泛影响；二是论合用的外表赋予人的性格与行为的美，并论这种美在何等程度内可以被视为赞许此性格或行为的一个根本要素。

在该篇中，斯密区分我们的两种感觉（或情感）：我们站在我们的立场对我们自己的处境的感觉，以及我们站在旁观者的立场对我们自己的处境的感觉。必须注意的是，我们每个人原则上都能在这两种感觉之间转换。当然，这种转换的难易，或者说换位感觉的能力，以及在每种感觉上坚持的程度，可能因人而异。我们“克己”的功夫越好，越能站在旁观者的立场感觉我们自己的处境，也越能保持和旁观者的感觉一致，而我们的感觉（或情感）会支配我们的行为。

亚当·斯密断言，当我们站在我们自己的立场看待手段时，我们会比较看重手段，譬如室内椅子的摆放位置、手表、宅邸、家仆、马车、良田、财富等的实际效用；当我们站在旁观者的立场，我们会比较看重手段本身的合适性（或合宜性），比较容易忽视手段产生的实际效用。斯密接着断言，当我们站在旁观者的立场看待手段时，手段的合宜性所折射的美往往比我们站在我们自己的立场看待手段时，手段的实际效用所折射出的更为壮观、可喜。在斯密所举的那个穷人家小孩追求财富的例子中，当事人就是站在旁观者的立场来看待他自己毕生所追求的财富，这时，在当事人（以旁观者的眼光）看来，财富的价值远大于当事人自己为财富所付出的牺牲；然而，在当事人年老体衰，想象力回归于自身，不再“迷失”于旁观者的感觉时，当事人就会觉得不值得为财富而放弃自己年轻时唾手可得的安逸。

以上是斯密这位道德哲学家对于人们为什么具有热衷追求财富之心理的“了解”。对于穷人、年轻人来说，很可能不认同这样的“了解”，那是因为现代人对于“同情心”“同理心”已无法正确认识。于是，“贫穷问题”一直无法被缓解，而“穷人”也就越来越多。其实，我们应该问：“我们了解穷人（或贫穷）吗？”

2015年的诺贝尔经济学奖得主安格斯·迪顿（Angus Deaton）教授，就是因对福祉与减少贫穷的经济政策做出了杰出的研究贡献而得奖，他在2013年出版的《逃离不平等：健康、财富与不平等的起源》（*The Great Escape — Health, Wealth, and the Origins of Inequality*）一书是其代表作。迪顿从他自身家庭逃脱穷困的经验下笔，在书中探讨健康与财富如何携手并进，以及健康上的不平等反映出的财富不平等。他指出，我们很容易认为逃脱贫穷与金钱有关，即只要有更多钱，就不必持续焦虑是否足以应付明天的种种，或是担忧危难产生时，手中没有足够的支应现金而导致全家人陷入愁云惨雾。但同样重要的甚至更重要的是健康。纵观历史及现今世界，孩子罹病、早夭，成人病痛不断，以及永远折腾人的贫穷，都经常造访同样的家庭，且一再地出现。迪顿由个人的行为和人们行为的差异出发，不是由庞大的统计数字中得出定理，他从家庭（household）中取得资料，由这些贴近个人行为的资料探索出解决贫穷的方法。

尽管迪顿的研究较理想，但仍是以静态的调查资料为基础，得到的结果还是无法真实反映出穷人的生活状况，由此而推导得出的公共政策恐怕也只是隔靴搔痒，不但解决不了问题，还很浪费资源，甚至会恶化问题呢！但读完琳达·蒂拉多（Linda Tirado）于2014年出版的《当收入只够填饱肚子》（*Hand to Mouth: The Truth About Being Poor in a Wealthy World*）之后，也许就可以明白更多。

缺同理心政策失败

《当收入只够填饱肚子》以第一人称的穷人本身描述贫穷人的真实生活，讲述穷人的收入、工作、医疗、生育、娱乐、社会福利等。读了前两章，我脑中浮现《苹果的滋味》影片中穷人主角咬了一口苹果那种无法形容的满足感，告诉我们穷人的幸福快乐很容易得到，他们的欲望很小。再继续读下去，我的脑中又浮现“从台北看天下”等台湾民众耳熟能详的话语，意思是有钱人或高尚的人都以自己的立场或生活方式来评价低收入民众，也就是晋惠帝“何不食肉糜”的情况，而马英九时常埋怨的“你不懂我的好意”就是最真实的反映。他在任台北市长期内的“建成圆环改建”失败更是最典型例子。我们不怀疑他的好意，但没有同理心地由上位者规划出自认为理想的方式进行改建，只能得到与居民的生活脱节的“蚊子馆”。其他的例子更是不胜枚举。

“乡下人没知识”等这种歧视穷人或底层、下流社会阶层者的话语及事件司空见惯，这反映出有钱人认为自己的生活方式比较高贵、比较理想，于是要求政府实施社会福利政策来拯救穷人，甚至强制穷人向有钱人的生活看齐。由这本穷人心声的书，我们就会得知为何往往“事倍功半”，甚至会有“好意铺成通往地狱之路”的下场了。这本书也鲜活地反映出好的政策、好的规划，却因为“执行者”缺乏同理心，导致伤害到求助者的尊严，使得政策失败。政策制定者与执行者缺乏同理心、爱心，往往在不经意间做出伤害当事人尊严的举动。这本真实反映穷人心声和生活的书，正是一针见血地表达出问题所在。

亚当·斯密在200多年前就明确地告诉我们要发挥同情心、同理心，设身处地站在当事人的立场予以感受，否则错误政策是会没完没了的，这也无怪乎斯密希望立法者要好好阅读《道德情操论》，而贫穷问题则需在书中第四篇取经呢！

《道德情操论》和《原富》的关系

如何看待亚当·斯密投注毕生心血而进行数次轮流修订充实的《原富》和《道德情操论》这两本书之间的关系，从19世纪中叶起，也就是在《道德情操论》首次出版发行约100年后，一直是某些经济思想史学者在所谓“亚当·斯密真的有问题吗？”的标题下所争论的问题。

《道德情操论》以人性中固有的同情心和凡人多少希望自己值得赞扬的普遍心理，说明某些品行之所以被称许为美德的道理。被称许为美德的品性，包括其功能主要是利己的审慎、利他的正义感和仁慈行善，以及所有美德都不可或缺的要素——克己。而《原富》则主要是从人人利己的动机出发，在法律认定并保障正义的基础上，演绎、剖析商业社会的发展与后果。在这种社会里，仁慈行善的利他美德似乎杳无踪迹。因此，有些学者，特别是19世纪德国历史学派的经济学者认为，如果不是亚当·斯密在写完《道德情操论》后到法国游历，受到当时法国唯物主义思潮的影响，放弃了以同情心为基础的美德哲学，转而接受纯粹利己的人性论，那就是亚当·斯密本人的思想体系存在一个着“根本的”矛盾。

亚当·斯密的思想体系是否存在矛盾

对于这样的批评，当今的学者一般认为过于肤浅粗糙。他们认为，人性中的利己与利他成分实际上是并存的，两者的关系即使有“根本的”矛盾，也并不表示如实表现了这一矛盾现象的亚当·斯密本人的思想矛盾。然而，即便亚当·斯密本人的思想体系没有“根本的矛盾”，但是对于自由竞争的商业社会中，由于欠缺足够的仁慈善行而可能导致的“许多极其严重的失序与骇人听闻的罪恶”（见《道德情操论》第二篇第二章第一节第八段），他的《原富》似乎没给予充分的注意。这不能不算是一项重大的缺憾。

“同情心”不等于“利他精神”

“同情心”不是“为他人”着想的心，是看到别人幸福时我们也觉得幸福的心。同情心也不是“为了”看到别人幸福，而会牺牲自己的幸福。拥有这样的“同情心”不见得会牺牲自己的幸福而成就别人的幸福，不见得会行善于人，因为自己看到别人痛苦而感觉到的痛苦不见得会大于为了消除这痛苦而牺牲自己的利益，从而让自己感觉到的痛苦。古罗马法律文献称，女性很少进行慈善捐献。一般来说，女性比较仁慈、敏感：看到别人痛苦时比男性更容易使自己也感到痛苦，看到别人受伤害时比男性更容易使自己也感到愤怒，看到别人快乐时比男性更容易使自己也感到快乐。但是，一般的女性并不比男性慷慨，比较少进行慈善捐献；男性比较慷慨，比较会牺牲自己，克制自己，成就他人。不过，这也可能只是反映了女性可支配的财富较少，捐钱使她们受的苦高于男性而已。

慷慨的人，是一个有克己美德的人；克己的人，凡事会以公正旁观者的情感操持自己的情感，会爱己如人，会以公正的旁观者爱他的程度爱他自己，比较不为自己的牺牲感到痛苦，所以比较会牺牲自己的利益来缓解自己看到别人痛苦而感觉到的痛苦。

然而一个有"克己"美德的人，是否就会凡事"利他"，具有"利他精神"呢？如果"利他精神"是指为了他人的利益而无私地付出，则即便是有克己美德的人也不算是有"利他精神"，因为即使他不是以自我为中心的观点，而是以公正旁观者的观点在爱自己，但毕竟他还是爱了他自己，不是纯粹无私的。虽然和一般人相比，他看似比较会为别人着想而不计个人利益地为别人付出。

注意道德原则只讲心意、不讲行为实效的害处

《道德情操论》第二篇第三章的引言指出，道德判断在原则上偏重于行为根源的情感或行为动机，而不计较行为的实效。当我们置身于个别具体的状况时，行为的实效对我们的道德判断实际上却有影响，是一种普遍的道德情感出轨现象（irregularity）。同章第三节说，这种出轨现象是培养美德的一大障碍，然而却有益于人类的幸福与完美。

亚当·斯密指出，这出轨现象有其消极影响。由于有这出轨现象，我们的感觉、思想与意图才不会变成（众人或统治权威）惩罚的对象，个人在日常生活中也才有安全感：

如果只要有伤害的意图或恶毒的情感，便足以引起我们的怨恨，那么对每一个我们怀疑或相信他心里怀有这样的意图或情感的人，我们必定会难以抑制满腔怒火，即使那些意图与情感从未化为任何实际的行动。如果世人对他们所感到的义愤和对实际行为所感到的义愤一样高亢，于是感觉、思想与意图将变成惩罚的对象。如果世人将尚未付诸行动的恶劣思想视作恶劣的行为，也同样高声要求报复，则每一个司法审判庭都将变成实质的宗教审判庭。每个人，不论他的言行举止再怎么无辜与谨慎，这个世界都不会再有安全。因为人们或许还会怀疑，他怀有邪恶的愿望、邪恶的期待以及邪恶的意图，而只要这些由愿望、期待或意图引起和邪恶的作为一样的义愤，只要邪恶的意图受到和邪恶的行为同一程度的怨恨，那么他仍将遭到同样的惩罚与怨恨。

……（而）人类在今生只应当为他们的行为而受罚，绝不应当为他们的意图而受罚，这个必要的正义原则，就是建立在人类的功过感中有这么一种有益且有用的感觉出轨上，尽管乍看之下，这种感觉出轨是这么的荒谬悖理与不可思议。

……（然而）在人类的软弱与愚蠢中，也有神的智慧与仁慈值得我们钦佩。(《道德情操论》第二篇第三章第三节第二段）

亚当·斯密还指出：

这种出轨的感觉本身也不是完全没有积极影响。它劝诫每个人不可以自满于懒惰消极的善良……不可以因为他由衷祈祷全世界幸福，就自以为是人类的好朋友 ……（必须）鼓起他全部的精神与元气……绷紧每一根神经，以便在他自己和他人的外在环境中，促成各种似乎最有利于全人类幸福的改变……除非他实际达到了（这个）目的，否则他自己以及全人类对他的所作所为是不可能感到完全满足或给予充分赞扬的。(《道德情操论》第二篇第三章第三节第三段)

道德判断倾向不计较行为实效

《道德情操论》在不止一处或明或暗地指出，我们的道德判断在原则上倾向不计较行为实效可能滋生的弊病。在这一方面，《道德情操论》和中国40年的改革开放前后经验相关最密切、最值得牢记的一段论述，也许是“公德心”或“爱国情操”因不顾实际效用甚至被扭曲而产生不良影响的那一段话：

对体系的同一热衷，对秩序之美，以及对技巧与机关设计之妙的同一珍视，往往也足以使那些有助于增进公共福祉的制度或设施得人欢心。当一个爱国者努力改善任何一部分公共政策时，他的所作所为未必是出自纯粹同情那些将因此而获益者的幸福……然而，所有政府组织体制的价值，全在于它们是否有助于增进其所统治的那些人民的福祉。增进人民的福祉是它们唯一的用处与目的。不过，由于某种“体系热”（spirit of system）作祟，以及某种对技巧与机关设计的热衷，我们重视手段的程度在有时候似乎更甚于目的，而我们之所以热心想要增进同胞的幸福，与其说是因为我们对他们的幸福与否有什么直接的感觉或同情，不如说是因为我们想要完善或改进某个美丽与井然有序的组织体系。有一些人，他们有很强烈的爱国心，但在其他方面，却显得对人类的情感非常不敏感。相反，也有一些极为仁慈的人似乎完全没有爱国心。(《道德情操论》第四篇第一节第十一段)

“体系热”虽然有助于培养与支持“公德心”或“爱国情操”，但是极端不计较实效的“体系热”倾向，在国内政局动荡时，却极可能造成很大的祸害：

在普通场合，我们的爱国心似乎含有两股不同的情操：其一是，对那个已实际确立的政体或统治形态，怀有一定程度的尊敬；其二是，真心渴望，尽我们所能，使我们同胞过着安全、体面与幸福的生活。不愿意尊重法律，也不愿意服从民政长官的人不是一个公民，不愿意尽他所能增进他的同胞的全体福祉的人，无疑不是一个好公民。

在和平、宁静的日子里，那两股情操通常并行不悖，导向同一行为。要维持我们的同胞生活安全、体面与幸福，最方便划算的方法，似乎显然是支持已经确立的政体。

当我们看到这个政体实际上使他们得以继续过着安全、体面与幸福的生活时，在人民怨声载道、党派争斗不已与社会混乱时，那两股情操也许被拉往不同的方向，而甚至智者也会被搅得倾向于认为，就其现状而言，那个显然已无法维持公共安宁的政体或统治形态，必须进行某些改革。(《道德情操论》第六篇第二章第二节第十二段)

在喧嚣混乱的内讧中，某种热衷主义或体系热很容易主动和那种以博爱为基础，以真正关怀、同情我们的某些同胞可能遭遇到的种种不便与困苦为基础的爱国心搅和在一起。这种热衷主义的精神通常会凌驾在那种比较温和的爱国心之上，主导后者的动向。(《道德情操论》第六篇第二章第二节第十五段)

自以为聪明的热衷主义者

热衷主义者是一群这样的人：

那些持有热衷主义论或具有体系热精神的人……往往自以为很聪明。他往往是如此地醉心于他自己的那套理想的政治计划所虚构的美丽，以致无法容忍现实和那一套理想的任何部分有一丝一毫的偏离……某种概括性的甚至是系统性的关于什么是尽善尽美的政策与法律体制的理念，对于引导政治家的思想与见解，可能无疑是必要的。但是，一个政治人物如果坚持建立而且是立刻不顾一切地建立那个理念要求做到的每一样事物，那么他必定常常是自大傲慢到无以复加的地步。

这样的坚持等于是要把他自己的判断树立为是非对错的最高

标准，等于是自以为他自己是全国唯一聪明且值得尊敬的人，等于是自以为他的同胞全都应该委屈他们自己来配合他，而不是他应该配合他们。正因为如此，所以在所有政治理论家当中，显然就以主权国的君主最具危险性。对他们来说，这样的傲慢自大是极其平常的事。他们绝不会怀疑他们自己的判断具有无比的优越性。所以，当这些傲慢高贵的改革者屈尊降贵、沉思默察那个被托付给他们治理的国家的政体时，他们很少看到其中有什么不对劲的事物。他们不会把柏拉图所提的那一则神圣的箴言放在眼里，并且会认为国家是为他们而设，而非他们自己是为国家而设。所以，他们的改革行动的最大目标便是要消除那些障碍，便是要消除贵族阶级的权威，便是要拿走各个城市与省份的特权，以及要使国内最伟大的那些个人和最有势力的那些阶级团体变得和那些最软弱的与最无足轻重的个人与团体一样无力反抗他们的命令。(《道德情操论》第六篇第二章第二节第十五段及其后)

中国的读者若把适当的具体人物代入前述“政治理论家君主”的位置，那么对于200多年前亚当·斯密的意见，会不会觉得心有戚戚焉？在1978年年底前实施的确实是一套泛道德化、不计较成本效益、不计较实际民生福祉的爱国主义啊！

道德判断应考虑行为的实效

在《道德情操论》中，从表面上看，唯一提到“看不见的手”的那一节论述（第四篇第一节）似乎是在批评个人追求财富的虚荣与地主的自私贪婪，实则似乎是在点醒读者：有些从纯粹的道德判断原则来看，不值得赞扬或不合宜的行为会在某些情况下为社会带来非行为人本意的好处。亚当·斯密似乎在迂回暗示，我们的道德判断应该更计较行为的实效，而不要过于专注行为的动机。这其实也是曼德维尔的《蜜蜂的寓言》，以“私恶即公益”（Private Vices, Public Benefits）这样耸人听闻的对比，揶揄当时英国人的道德观，所想传达的讯息。在《道德情操论》中，亚当·斯密虽然对曼德维尔善恶不分的道德观有极其严厉的批评，但是他批评的焦点只放在曼德维尔不该把道德的定义窄化成“一切为人、绝不为己”上。至于从迂回指出道德判断偏重行为动机、不计较实效的倾向是有其不妥之处这一点来看，他们两人的见解是一致的。

事实上，《原富》和《道德情操论》最显著的不同就在于前者专讲怎样的行为有最大的实际效益，而后者则专讲怎样的行为最合宜；或者说，前者偏重行为的物质面，而后者偏重行为的精神面。两本书的差别不在于前者将行为归因于自私，而后者将行为归因于似乎有些利他氛围的同情心。[1]

---

[1] 本节引用谢宗林于2009年11月参加在上海举办的“《道德情操论》出版250周年纪念论坛”，反思之后发表于《经济前瞻》的文章。

第五章

亚当·斯密的“法理学”以及道德演化与市场秩序

在斯密看来，自然权利与自由市场是不可分的，政治与经济也是不可分割的。从历史上来看，权利的性质是随着一国的经济变动而变动的，对于这一点，他在《原富》中就明确地加以描述。将《原富》与《法理学讲稿》连贯起来，我们就可以进一步地说，在斯密心目中，没有经济自由就没有政治自由。我们也可以明确地说，斯密认为，劳动、权利与自由是正义的基础。

上文提过，亚当·斯密在1759年出版的《道德情操论》的结尾中曾表示，他以后将会对国家与立法者的任务做进一步的讨论。1790年1月，斯密在逝世前6个月完成了该书的第六次修改。在出版后的书的标题页上就附了一篇文章（以“告读者”为题），其最后一段是这样写的：

在本书第一版的最后一段，我曾说：“我将在另一门课程中努力说明法律与政府的一般原理，说明那些原理在不同的时代与社会发展阶段所经历过的各种不同变革，不仅在有关正义的方面，而且也在有关公共政策、公共收入、军备国防以及其他一切法律标的方面。”在《原富》中，至少就公共政策、公共收入与军备国防的部分而言，我已部分履行了这个承诺。剩下的是有关正义的法律原理或所谓法理学的部分。这部分我虽然规划了很久，迄今却受阻于同样的那些直到现在一直妨碍我修订这本著作的俗事工作，而未能完成。虽然我承认，以我现在这么一大把年纪，实在不太有希望能够如我所愿地完成这个重大的事业。不过，由于我尚未完全放弃原来的规划，而且我也希望仍继续尽好我的义务，所以，当我能够完成其中所宣称的每一件事，且没有任何疑虑时，我这段在三十几年前发表的话便应该一字不变地保留下来。

可是，斯密终究没能完成他的计划，因为在第六次修订《道德情操论》之后半年，他就去世了，而且他在感觉自己行将就木时，便急于销毁他的大部分文章，只留下自认为极为完整且值得发表的少数论文。由于他身体虚弱，无法处理这件事，于是便请其好友布雷克和赫顿代劳。他俩在推卸无效之后，总共销毁了亚当·斯密16册手稿。

幸好亚当·斯密的学生在格拉斯哥大学上他的课时记下的笔记被保存了下来，其中共有两种讲稿：一种是斯密在1762—1763年所讲的内容，另一种是在1763—1764年所讲的内容。两者现在已合编成一册，以《法理学讲稿》出版。下文借施建生教授的整理，我来就法理学的意义、正义的论述，以及政策的论述三部分，予以概要说明。

法理学的意义

首先要说明的是斯密对法理学所下的定义。他说“法理学是指导民治政府之规则的理论”，又说“法理学是研究所有国家之法律基础的一般原理的科学”，又说“法理学是法律与政府一般原理的理论”。从这些定义中，我们可以知道，这些讲稿对于亚当·斯密的治理与正义的理论的建立，是很有帮助的。

整篇讲稿分为两部分：第一部分为正义，讨论的课题颇广，包括政府的性质与发展、宪法、国内法、奴隶制度、财产权、法庭与刑事正义；第二部分则讨论政策，包括亚当·斯密对于价格、货币、贸易与分工等的思想（这些也成为《原富》内容的一部分）。

正义的论述

亚当·斯密认为，正义的目的是要防止人受到伤害，如果受到伤害就必须予以补偿。维护这种正义是政府所要达成的任务，那么政府又要如何达成这种任务呢？首先就必须对伤害有明确的认识。斯密认为，人之所以受伤害，有三种身份：第一是作为一个人；第二是作为家庭中的一份子；第三是作为国家中的一个成员。

作为一个人，他可以在身体、名誉或财产等方面受到伤害。作为家庭中一份子，可以是一位父亲、一个儿子、一位丈夫（或妻子）、一个主人（或仆役）、一位监护人（或被监护人）等而受到伤害。作为国家的成员，则可以是一位行政首长受到抗命的伤害，或一个人受到压迫的伤害。

个人的身体受到伤害或自由受到侵犯是明显可见的事实，不必赘述，但个人名誉受到伤害，亚当·斯密认为有几种情形必须特别加以说明。一种是被不实地被指为憎恨或责罚的对象，如小偷或强盗；另一种是对其价值予以贬低，指其不合乎其职业所应具有的水平。如对一位医生，当我们努力向社会诉说他不是在将病人治好而是在屠杀他们时，他的品格就会受到伤害，因此他的事业就会受到损失。

但是当我们不对他的功绩所应得的赞许加以充分的表扬时，则不会对他造成伤害。当我们说牛顿不是一位比笛卡儿优秀的哲学家，或说教宗不是比一位普通诗人写得更好的诗人时，我们没有伤害牛顿或教宗。这些言词只是表示我们没有对他们应得的赞许充分加以表扬，但我们并没有伤害他们，因为我们并没有将他们说成比他们职业中的其他成员逊色。

这些要用来保护他的身体与名誉，使他不受到伤害的权利，一般被称为天赋的自然权利。一个人可能会在财产问题上受到伤害，保护他的这些财产，使其不受到伤害的权利，则被称为后天获得的权利。这种权利有两种：一种为实质的，另一种为个人的。实质权利（real right）是指对那些实际物品占有的权利，如房屋、家具以及所有各种自己的货品。个人权利（personal right）是指那些可以利用法律诉讼从一特别的个人身上争取过来的权利，如债款与契约上所议定的物品就可以从某人身上追索回来。

实质权利有四种：财产权（property）、地役权（servitude）、质押权（pledge）与专享权（exclusive privilege）。财产权是我们所有的各种物品如果消失了或者被人强制占有了，我们就有权索取回来。地役权是他人财产的负担。例如，我们有透过他人财产的权利，或者邻近的田中有丰裕的水而我的田中缺水，这时我就有权将水从另一田中引过来。这些在他人财产上的负担就称为地役权。质押权包括所有的典质（pawn）与抵押（mortgage）都可以收回的权利。专享权是指某些可以独自享有的权利，他人不许享受。例如，某一书店可以单独销售某一书籍，并规定一定的期限，在此期限间，他人不能同时销售。

个人权利则有三种：契约权（contract）、准契约权（quasi-contract）和侵犯追索权（delinquency）。契约权是指签约者必须遵守履行，如有违背行为，另一方就有强制履行的权利。准契约权是指一种他人为其完成一事所耗费的精力、所花费的时间与所承受的烦恼，他人有要求补偿的权利。例如，若一人在路上捡到一只手表，他就有向遗失者要求报酬以作抵偿的权利。侵犯追索权是对一人无意中或故意对他人造成损失，受害者就有对之索取补偿的权利。

所有以上七种权利就构成人的全部权利。自然权利的起源相当明晰，每个人都有保护其身体不受任何伤害，都有阻止无故受到侵犯的权利，这是没有人会怀疑的，但是后天获得的，像财产权，则必须加以解释。亚当·斯密认为，这与民治政府的存在有关。他说："财产权与民治政府关系非常密切，彼此相互依存。财产的保有与保有数量的不平等产生了民治政府，财产的状态必定时常随着政府形式的变动而变动。"换句话说，在民治政府之下，财产自然就有获得保护的权利，但如果政府的体制变动了，财产权自然也随着变动了。

在这里，我们可以看到亚当·斯密将所有权利都视为由财产权所引起。他在《原富》中就说："自己的劳动是每个人都拥有的财产权，是所有其他财产权的原始基础，所以是最神圣的、最不可侵犯的。"同时，斯密还认为所谓完全自由是指每个人都有选择自己职业的能力。从经济方面说，一个人的职业就是他的劳动范围，因此选择一个人之劳动，实际上是选择一个人之劳动的性质与其完成的产物。

在斯密看来，自然权利与自由市场是不可分割的，政治与经济也是不可分割的。从历史上来看，权利的性质是随着一国经济的变动而变动的，对于这一点，他在《原富》中就明确地加以描述。将《原富》与《法理学讲稿》连贯起来，我们就可以进一步地说，在斯密心目中，没有经济自由就没有政治自由。我们也可以明确地说，斯密认为，劳动、权利与自由是正义的基础。

政策的论述

接着，我们可以讨论政策部分的概要，首先要说明的是，斯密对这一部分讨论所用的标题是“police”一词，不是“policy”。但是，他一开始就说“police”这一英文是从法文变过来的，它最初是希腊文，是指政府推行的政策。现在则只指政府对低层次工作的管理，如道路清洁的维护、社会治安的保全等等。这样，“police”的现代意义应翻译为“警察或警政”。但因斯密当时所讨论的实际上是政府推行的一般政策，警政只是其中一小部分，所以这里就将之译为政策。

从这一部分的论述中，我们可以看到，斯密后来在《原富》中所发挥的一些思想就已经在这里出现了。例如，他说：“分工能增加国民的财富。”其所用的例子就是针的制造。同时，他又说：“当你向酿酒者或屠宰者要啤酒或牛肉时，你不对他说你是如何迫切地需要这些物品，你只需要对他说你付出价格来换得这些物品是如何对他有利。你不是要激起他的人道情怀，而是要他爱护自己。”

同样，我们还可以在其中看到，他反对重商主义认为货币就是财富，以及为了保有财富必须限制进口等措施与思想。他说，一个富裕的浪子过的挥霍生活可以浪费资本，以致减少产业，但他这种行为显然并没有减少货币的流通。所以，财富与货币显然不是同一物品。

在这部分论述中，他也强调了政府应该让人民自由从事交易，因为只要双方自愿成交，则必然对双方都有利，这是财富产生的根源，他说：

当两个人从事交易时，无疑是对双方都有利，其中一人也许感到自己所拥有的某种物品太多了，这时他就想与他人交换对他更有用的物品。这时，另一人也基于同样理由而同意彼此成交，这就对双方都有利，这种情形也同样可以发生在两个国家之间。

因此，

对于对外贸易不应有任何的阻碍。如果有其他地方可以筹措政府所需的费用的话，那么所有关税与货物税都可以取消，对所有国家与所有物品都应准许自由贸易。

在这一讲稿中，像这一类的言论还有许多，不必赘述。最后，我们知道，在斯密看来，要理解人与人之间的互动，其中经济的与政治的关系非常密切，需一并思考。现在，读了他关于法理学的讲稿之后，可以进一步领悟到“正义”这一元素也是不可忽视的。

要想对人际互动行为有透彻的理解，必须同时从经济、政治与正义三方面思考。正义的美德如果没有从政治与经济制度中带来的法律内涵，那就是不完全的。但是，如果政治与经济没有正义为其深厚的基础，则政治和经济就会没有规范的力量。这应该是斯密始终不愿放弃要撰写这样一部著作的理由。但是，他最终还是不能如愿，这实在是非常不幸！

现在，斯密的学生留下了这份讲稿，虽然这份讲稿也许不能完全代表他的意思，但至少也能让后世略知其梗概，而且在无意中还为他们的老师完成了夙愿，这不能不说是他这两位学生的贡献。可是，由斯密临终前无论如何非得销毁多达16册手稿来看，他应是很不放心别人的能力，我们当然不能将这份讲稿视为斯密的作品，他的著作只有《原富》和《道德情操论》这两本。

道德演化与市场秩序

亚当·斯密被认为主张自由放任资本主义，强调“看不见的手”的市场机制；而市场运作其实有“市场秩序”，“诚信”就是其中最重要的规则。我们知道，“仁、义、礼、智、信”是伦理道德，而斯密更是视《道德情操论》为其最重要的著作，他重视道德当然是毋庸置疑的，我们就来谈谈“道德演化与市场秩序”。

第三章提到经济学家的三种分类，而第一类“真正的经济学家”，其工作并非亲自去求解自己建构起来的联立方程式，而是去解释联立方程式怎么会自动跑出来某个解。这样说，对于找出问题的方向虽然很有启发意义，但毕竟只是一个比喻。正经地说，经济科学基本的理论问题就是：在相关的信息（或者说知识、知见、资料）不可能集中于某一个心灵，而只是分别存在于数以亿计不同的心灵的情形下，大量利用这些信息的整体经济活动秩序，究竟是如何产生的呢？这个问题和一般人立身处世所秉持之“道德”的由来，实为一体之两面。我们之所以观察到某一组道德系统是某一群人彼此互动的规则，很可能是因为该组道德系统让该群人在其所处的环境当中，达成了一个让该群人得到保全的活动秩序。所谓“覆巢之下，焉有完卵”，个体若不是遵循了让整体得到保全的某些行为规则，它们本身也许不可能有多大的存活机会。个体虽然采用了某组道德系统而让整体（以及他们自己）得到了保全，但这并不表示，个体拥有的理智能力足以事先知道这一因果关系，从而决定要采用该组道德系统。

道德，就像语言那样，不是人类刻意设计的，而是由传统习惯演变而来的。同样地，现代人类文明之所系的市场秩序，也不是任何人筹谋设计的，它是由于人们无意中顺从了一些大多称为道德的行为规则而形成的。这些行为规则很多都不是人们喜欢的，它们的重要性，人们通常不了解，而它们的正当性，人们也不能证明。但是，由于那些在事实上遵从这些行为规则的社群，在人口与财富方面较其他社群会增加得更快，于是它们便随着整体社群的演化扩张、淘汰取代而迅速地散播开来。许许多多的社群，不管是凑巧使然，或是被迫无奈，甚至勉强痛苦地顺从这些行为规则，皆因此而能够连成一气，因此会有更多的机会获得更多有用的信息，也因此能够“生养众多、遍满地面、治理这地”（《旧约·创世纪》一章二十八节）。道德演化也许是人类演化过程当中最不为人所理解的部分。因此，宣扬理智万能，对非植根于理智的道德一贯采取鄙夷态度的现代所谓的“知识分子”，很可能是人类文明的诅咒，而不是福音。

道德演化与整体秩序之间的复杂关系是哈耶克在1936年之后花费绝大部分的精力投注的焦点。他锲而不舍、辛勤耕耘出来的理论体系，固然可以用“体大思精”四个字来形容，但是读者如果能够稍微抑制理智夸大的冲动和凡事量化的科学迷思，冷静地试着去理解在纯粹自然（natural）与纯粹人为（artificial）之间的另类现象，以及介于本能与理智之间的人性发展，则他说的一切，套用科斯的一句话来说，“是如此简单，几乎可以看成是不辩自明的真理”。也许对于道德与整体秩序的语义，哈耶克和一般学者的用法稍微不同，比较容易滋生误解。因此，本节主要是就这两个关键概念提供一些导读，希望有助于读者理解这位一生敢于拂逆众议，且早在20世纪20年代就已经看出计划经济不是价值判断的问题，而是可以被事实证明是不是一种错误的思想巨擘所秉持的经济分析与政治哲学理论。

让我们对行为规则（order of individual conduct）、道德规则（moral rules）和整体秩序（order for a group of individuals as a whole）稍加定义。

首先简要介绍此处所谓的秩序（或者说整体秩序）的意思。以李嘉图的“比较利益原则”为例，我们可以说明秩序的部分意思。在自由贸易的条件下，国际商品交流的形态会朝这一“原则”发展。这个“原则”不是人们做买卖时主观依循的行动规则，而是在一定的条件下，国际贸易关系自然而然暗含的一种性质。国际贸易关系是一种人类互动关系，说它是一种秩序是表示它具有某种规则性。比较一般化地说，秩序的意思是指“一种事物的集合状态，在这一集合当中，许多各式各样不同的分子相互关联。分子间的关联不必是固定不变或是具体的，但是只要我们从经验中熟悉整体集合的部分时空状态，则关于其余部分大致是怎么样的一种状态，我们也许就可以学会如何去形成正确或至少是很可能正确的预期”。

概括地说，所谓秩序，就是整体活动的某种规则性。这个定义有两点值得特别注意。第一，“从经验中熟悉”（acquaintance）是指“亲身经验得到的事物知识”。这种知识，有时候是说不出来的，我们从经验中感知到的比我们可以用语言表达的，要来得多些。之所以如此，也许是因为我们人类的感知运作过程是从抽象的规则开始认识，待累积了某一数量的抽象形态认识之后，才会感知到较具体的印象，而语言则大多代表相当具体的事物。就认识秩序而言，感知运作过程始自抽象规则或形态，隐含我们有时能够知其然地感知某些秩序，但若要我们说出其所以然，则即使花费了几番功夫，也不见得会有令人满意的结果。人类的心灵秩序便是这样的一个例子。就形成各种或大、或小、或抽象、或具体的人类"社会"秩序而言，我们所感知的多于说得出的，而这个事实隐含着如果我们凡事都必须按照明确的规则进行（这是"科层组织迷"的终极理想），则我们能够形成的秩序和我们的生存机会将受到很严重的限制和伤害。第二，"学会"（to learn）做某件事，有时候是相当容易的一件事，但有时候却必须集中心思费一番功夫。学会看"日出日落"或"秋雁南飞"的秩序并不困难，但学会看出国际商品交流的形态合乎"比较利益原则"这样比较抽象的秩序，却需要一些特别的思考演练工具（technical apparatus thought）和一心一意的思考（directed thought）。

我们必须区别两种秩序的来源：一是人为刻意的安排；二是在没有任何人为安排的情况下，各式各样的分子遵循一定的行为规则互动。我们也许可以称前者为"做成的秩序"，而称后者为"生成的秩序"或"自发的秩序"。我们不排除，做成的秩序当中的分子的行为呈现一些规则，但这些规则主要是秩序的安排者选择制定的。另外，并不是任何引导分子互动的行为规则都能产生自发的秩序。我们只是说，某些规则在某些情况下能够产生自发的秩序。再者，我们主要是以行为规则来区分秩序的构成分子，即两个能够遵循同一组规则的分子，即使在别的方面有不同的性质，但从形成秩序的观点而言，它们是相同的。

我们要特别强调秩序的整体意义。秩序不仅是其构成分子的简单加总而已，它另外有其整体的意义，就做成的秩序而言，这个意义相当明显。做成的秩序是某一行为者（agent）为了达成某一明确的目的而刻意安排的，这种明确的目的就是该秩序的整体意义。例如，某一企业家让一家公司专门生产计算机，就此，我们说生产电脑是该公司上下活动秩序的意义或目的。显然，同一类做成的秩序，在达成目的的效率上，会有高低之别。自发的秩序不是什么行为者安排的，因此我们不能说它有什么目的，但对于身处其中的分子而言，自发的秩序也许是非常有用的（very serviceable）。例如，对于考虑移民地点的人来说，像了解到美国和中国这两种类型的“社会”差异无疑是很有意义的，这两种秩序显然对移民者本人，甚至其后代的发展有截然不同的影响。

做成的秩序，其复杂性不会超出安排者的知见范围。此处所谓秩序的复杂性（complexity），是指“若要显现某一类秩序的全部特性，一个属于该类的秩序必须包含的最低分子数”。例如，如果某一种商品交易市场。买卖双方至少必须各有 1 000 人，才会显现“完全竞争”的特性，而另一种商品交易市场则只要 500 人，那么我们便可以说，前一种市场秩序比后一种复杂。有些做成的秩序也许比某些自发的秩序复杂，但是由于自发秩序不受任何安排者知见范围的限制，所以其复杂性可以超出任何人的知见范围。自发秩序是讨论本质复杂的现象（即不可能被细分为若干知见范围内之秩序的现象）时不可或缺的概念，而且如果事实上没有这种秩序存在，则任何所谓“社会科学”都不会有研究的对象。所幸的是，任何社会都一定有我们所定义的自发的秩序存在，而且这样的秩序通常在人们想到要刻意去安排它之前，就已经存在了。事实上，“如果社会生活没有某种秩序、某种和谐以及某种规律，则我们每个人都不能做什么事，也不能满足自己最基本的需要”。经济学者之所以不能更清楚地认识自发秩序，也许是因为他们执着于“经济人”的假设，即他们不把他们研究的对象（秩序）当成是由活生生的人构成的。简而言之，他们把人当作物来处理，以至不怎么理会“人之异于禽兽几希”的那些东西在产生整体秩序方面的作用。

在经济学神话中，遗世孤立的鲁滨孙不是真正的人，他是否具有我们所认识的人性是很值得怀疑的。人，总是生活在某个社会里，其种种行为不仅有其个人主观的目的，而且也通常合乎他人（客观）认为适当的规则。人，不是一个计算器，一味追求目的与手段之间的效率和逻辑一致性。人也是遵循规则的动物（a rule-following animal）。事实上，若非如此，根本不可能有沟通或交换，而人们也不可能生活在一起形成某种社会。此处所谓规则，是指“一项叙述或公式，我们用它来描述许多个人的行为所呈现出来的某一种经常性质。我们不问被描述的那些人除了在行动上通常合乎该规则之外，是否还有其他的意义可以让我们知道该规则”。

当我们说许多人的行为呈现某一规则时，这不是说这些人必然有一个共同约定或不约而同的目标。行为规则在逻辑上并不限制个人目的的选择，它只是描述行动过程（procedure）的某种特性。例如，“不说谎”和“行动准时”都是此处所谓的规则，而它们并不隐含任何具体的行为目的。在不同的场合有不同的规则。各种不同的规则，或简或繁，或严密或松散，适用的范围也不同。虽然逻辑上规则不预设目的（purposes），但并不表示事实上规则无关目的或没有客观的功用（functions）。

就规则的目的（或功用）而言，规则可以分为两类：有些规则有利于达成特定的目标，或有助于处理某些经常或普遍的情况，从而得到比较令人满意的结果。例如，（1）股票交易中心的规则或道路交通规则。我们也许可以称之为工具理性或组织性的规则。现代这一类规则大多是人们应用已知的事物因果关系筹谋制定的，因此人们当然知道按照这些规则行事会产生什么具体的结果；（2）有些规则与个人或任何组织的具体目标没有直接关系。这一类规则大多是消极的或被禁止的，即主要是以“有所不为”的方式呈现的，如现代个别财产权和契约规则。哈耶克所谓的道德属于这一类规则。从个人主观的角度来看，遵守这一类规则不一定有助于达成任何具体的目的或获得任何实质的满足，然而大多数人遵守这一类规则却是形成某种整体社会秩序不可或缺的条件。这不是说，只有称为道德的规则才是，而工具理性的规则就不是整体秩序的决定因素。我们只是说，道德是形成整体秩序的一种必要条件。古代的学者并不区分这两种规则：

> 开始的时候，人们并不区分应该遵循的规则，以及为了取得特定的结果而一定要遵循的规则。在他们看来，只有一套行之有素的办事方法，知道这一套方法，就是同时知道事物的因果关系和知道什么是适当的或允许的行为方式。知道这个世界，就是知道在各种情况下，自己一定要去做，或一定要避免去做些什么事。就规避危险的效果而言，知道什么是自己一定要避免去做的和知道自己一定要怎么做才能取得某一特定的结果，是一样重要的。

若不是工具理性的发展有别于道德演化，则不仅人们大概不会发现有某种虽然无补于特定目的的成败，然而却攸关某种整体秩序维系的规则存在，而且这个世界大概也不会有各种形形色色的布道家传播与赞扬道德。

但是，布道家所传播的道德，永远只是有资格被称为道德规则的一小部分而已。有些实际上被遵循的规则，从来没被形诸文字，一般人所谓的“正义感”指的就是这样的规则，他们实际能够运用那些规则，然而却不知道怎么用语言将它们表达出来。另外有些规则虽然见诸文字，但那些文字只不过是大概表达了长久以来被实际遵循的规则罢了。在此值得附带一提的是，有些学者所谈论的道德，如现代伦理学所谓功利主义和社会正义的道德，不一定是此处所谓的道德。因为那些所谓的道德，不是任何即使有心但知见能力有限的常人能够实践的行为规则。

大多数人能遵循但很少人能说出所以然的道德规则，究竟是怎么来的呢？这不仅是一个有趣的科学问题，因为它们显然不是任何人筹谋设计出来的，而且更是一个不可等闲视之的问题，因为它们形成的方法有极为广泛和深远的政策意义。为了方便说明道德规则的起源以及其政策意义，我们有必要区分两种道德：封闭社会的道德与维持秩序的道德。前一种道德是人类本能固有的道德（the innate moralities of human instincts），如团结一致、利他的情操、集体选择等：

> 这种本能的道德是为了适应不时移动的小队伍生活而发展出来的。人类在这种方式下生存演化了几百万年，目前人类的生物性结构就是在这期间演化形成的。这些由基因传承的生物性本能，其功用在于引导小队伍成员间的合作。此种合作需要成员彼此相知并且互信，因此其范围必然相当狭窄……在这样的队伍里，虽然某些年长的成员因较有经验而有一些权威，但主要还是其成员有共同的目标和一致的手段在协调他们的活动。这种协调方式完全仰赖团结一致和利他无私的精神（solidarity and altruism）两种只涉及自己所属队伍之成员，而不涉及非成员的本能反应。因此，这些小团体的成员也就必须作为某一小团体的成员才能生存，那些落单的人很快就会变成死人。

就人类目前的处境而言，这些本能的行为规则虽然不能说毫无用处，但它们显然不足以维系市场经济秩序：

我们目前实际上是接受市场交易所形成的价格系统引导，而对一些自己多半一无所悉的情况做出回应，而且这样产生的整体结果也不是我们有意促成的。在我们的经济活动中，我们不知道自己究竟满足了什么人的需要，也不知道我们取得的东西是怎么来的。我们几乎都在为不认识的人服务，我们甚至不知道有他们存在，而我们也一样总是仰赖一无所悉的人所提供的服务以维生。

此一非比寻常的秩序之所以形成，以及目前人口数量之所以这么多，并且有这样的活动结构，主要是由逐渐演化出来的行为规则（特别是有关财产权、诚信、契约、交换、贸易、竞争、逐利和个别隐私权方面的规则）促成的。这些规则并非由本能遗传，而是经由文化传统、学习与模仿而延续的。它们主要是一些被禁止的（什么情况不该做什么的）规则，以弹性限定的方式让个人自主选择与负责，因此时常禁止人们依照本能的好恶行事。人类因为逐步发展出并且学会了遵循这些规则（首先是在地方性的部族之内，然后延伸至较广的范围），才缔造了文明，而且也才不必再仰赖共同一致地对具体情况的判断来协调众人的活动。

如果让小团体得以结成并确保其内部有效合作，但妨碍或阻断其扩张的那些行为规则，可以被称为自然的道德，那么现代人类文明之所系的那些行为规则，更有资格被称为道德。它们压制了自然的道德，让人类可以形成一种更大也更有效（让更多人得以生存）的协作秩序。

这是一个远远超出我们人类知见范围的整体活动秩序。虽然形成现代市场经济秩序的行为规则实际上是新的道德，但是一来由于它压制了本能的道德情绪，因此人们对它总是怀恨在心；二来由于目前撰写“示人以实行道德之规范”的“修身书”作者，大多昧于现代演化论和经济学的发现，而依旧宣扬从前部族生活的道德条目；三来由于笛卡儿的极端理性主义作祟，今之伦理学者大多把伦理学当成形而上学，而以纯粹逻辑演绎的方法治学。因此，从一开始就将其置于本能与理智之间，而且本质上是无法“证立”（justification）的行为规则，并将之排除在他们所谓的道德之外，一般人误以为他们赖以生存的市场经济秩序毫无道德可言。

有一个要点，再怎么强调，也不嫌重复，那就是：形成市场经济秩序的那些行为规则，虽然是我们人类自己发展出来的，但是它们却既不是我们人类天生就会遵循的，也不是我们人类衡量、审度本身所处的情况，为了达成某些目的，而着意选择设计出来的。它们虽然是人类行为的结果，却不是人类设计的结果，它们是人类文明演化的产物。在文明演化的过程中，人类必须尝试调整自己的行为，以求适应各种自己不能完全知晓的情况：

各种规则之所以调整，变得越来越能产生有效的整体活动秩序，不是因为人们越来越了解它们的功用，而是因为有些改变了行为规则的社群，其改变的方式刚好让他们越来越能适应所处的环境，让他们相对地越来越繁荣。这种演化的结果，不是直线开展出来的，它是各式各样的整体活动秩序经过相互较劲、不断试错所产生的一种（也许可以算是）经常试验的结果。

由于这些结果是人们经过不断试错（trial and error）、为适应不明情况不断较劲（adaptation to the unknown）而形成的样子，因此那些学会了依照这些规则行动的人会比较能适应所处的环境，但他们却说不出那种环境具体是个什么样子。简而言之，学会遵循它们的人，无异学会了一种“知道如何做，但不知道如何说”的知识：

一般而言，通过竞争，比较有利于人类生存的行为规则有可能被选出并流传下来，但这不是说，那些流传下来的规则，因此便毫无批判的余地。即使不为别的，光是因为文明演化的过程时常受到许多强制性的干扰，我们就该严肃地检讨流传下来的规则。

系统地进行对传统的批判也许就能向我们揭示，为了能够产生更有效的整体活动秩序，哪些规则可以刻意地予以更改（不管有没有像立法程序那样的集体决策），哪些规则可能会经由竞争演化而逐渐形成。不过，话说回来，我们也不该过度夸大理智批判传统规则的能力，更不用说，我们能够按照自己的好恶设计一套全新的道德以取代形成市场经济秩序的行为规则，或任意更改它们。

我们人类不是因为拥有理智或拥有逻辑推演和计算的能耐，才得以学会种种生存技巧的，人类的技巧主要是通过模仿学习得来的：

模仿学习如何待人处世，与其说是领悟、理智和理解能力的结果，不如说是它们的来源。人类不是生下来就有智慧、理性或是善良的，必须被教导才有可能变得如此。我们的道德不是我们的理智创造出来的，相反是因为我们的道德支配了人际互动（形成了某种整体的活动秩序），所以我们的理智才有算计的资料与运作的空间，也才让理智以及其他一些相关能力得以成长。人类变得聪明，是因为有（介于理智与本能之间的）道德传统让他学习。而这个道德传统却不是来自理性解释客观事实的能力设计，而是来自种种回应客观事实的习惯累积。它主要是告诉人类，在某些状况下，他们该做什么或不该做些什么，而不是告诉他们可以预期一定会发生什么。

道德传统来自整体活动秩序的演化竞争，“被此一形成习俗与道德的筛选过程纳入考量的事实情况，比任何人可能知道的还要多”。因此，在某些方面，传统的习俗与道德比人类的理智更为优越、更有智慧。

形成市场经济秩序的那些规则，便是这样的一种传统，它让人们更能在种种不明的情况下进行调适，即让人们在其理智可能的知见范围之外进行有效的协助，从而形成有力的整体活动秩序。这种活动秩序所吸纳与利用的信息（包括各种可用的人力与自然资源方面的信息），远超过任何人为理智设计安排的秩序。对于身处市场经济中的人来说，他们的理智很可能永远不足以取代市场秩序自动竞争、演化与调适的过程。

当人们开始将具体的共同目标摆在次要的地位，而优先遵守抽象的道德规范，以便参与一种有秩序，但无人能全盘观照或全盘安排，也无人能预测的协作过程时，人们的成就便开始胜过他们自己的见识，同时也一并促成了许多既想不到又不想要的结果。我们现在的道德规范之所以会这样，主要是因为它适合我们人类在数量上的增长。我们也许不喜欢这个事实，但是对于应该有什么道德规则，我们现在已经没有什么选择的余地了（即使我们过去有），因为我们现在必须应付的是一个既有道德规则已经发生作用以至人口众多的局面。

现在有这么多的人已经存在，而只有市场经济才可以维持大多数人生存。即使我们只想维持目前人类的数目，除了遵循同一套原则之外，我们也别无选择。

因此，除非我们真想诅咒数以百万计的人成为饿殍，否则我们便责无旁贷，我们必须抗拒那将会摧毁诸如财产权这种基本道德原则的教条主张。而亚当·斯密在200多年前就以“自由放任”“看不见的手”“市场机制”明示，这些东西正是国民财富增长的基石！

第六章

斯蒂格勒谈亚当·斯密的成功与失败

由于亚当·斯密是人类历史上迄今为止最伟大的经济学家之一，因此斯蒂格勒觉得探究斯密的成功与失败是很有意义的事。斯蒂格勒的评估方式，不在于简单地就某个观点赞美或责难亚当·斯密，因为任何一个学者的成功在于其说服当代与后代学者的论点。当李嘉图、约翰·密尔或托伦斯采用亚当·斯密的理论时，并不表示他们无条件接受亚当·斯密的观点，他们只是在工作与思考上接受亚当·斯密思考架构的指导。相对地，亚当·斯密的失败在于提出当代及后代学者不接受的理论。当亚当·斯密犯错时，我们期待他的徒弟会指出来；可是我们发现，亚当·斯密最好的文章仍被人忽视。总之，斯蒂格勒认为，判定学者的成就要用科学的判断方法。

亚当·斯密被尊为“经济学始祖”，这可以看出他是个备受尊崇、非常成功的人物，虽然其思想曾受到“有矛盾”的批评，但那也只是因为人们解读不同而已。不过，开口闭口都是“我的好友亚当·斯密”的1982年诺贝尔经济学奖得主斯蒂格勒（G. J. Stigler, 1911—1991），竟于1976年在《政治经济期刊》（*Journal of Political Economy*）第84期上发表了一篇题为《亚当·斯密教授的成功与失败》的文章，这实在让人好奇，那么他是怎么评论的呢？

斯蒂格勒在文章的开头就说，《原富》出版于1776年3月9日，自1976年起已有足够的时间让人对亚当·斯密教授的成功与失败做一评断。他认为，亚当·斯密教授想必对此事也会有兴趣。《亚当·斯密传》的作者约翰·雷曾叙述亚当·斯密教授逝世前的日子：

亚当·斯密教授在感觉自己行将就木时，便急于销毁他的大部分文章，只留下自认为极其完整且值得发表的少数论文。由于他身体虚弱，已无法处理此事，所以一再央求其好友布雷克和赫顿帮他销毁……布雷克和赫顿在推卸无功之后，在斯密去世前的一个礼拜总共销毁了亚当·斯密教授16巨册的手稿。（1985年，《亚当·斯密传》第434页）

斯蒂格勒认为，只有一个相当担心后人会拿他的文章来责难他的论点的人才会做出这种事情。斯蒂格勒说，亚当·斯密当然是错了，他不是一个可以被忽视的历史人物，因此他的16巨册手稿当然不会是毫无价值的东西。

时光流逝，斯蒂格勒越来越无法确定自己是否有批评亚当·斯密教授的资格。原因是，很多人以为他是亚当·斯密教授最好的朋友，但他自己却不敢这么认为。斯蒂格勒认为休谟、赫顿或布雷克才是斯密最好的朋友，而他觉得自己顶多可算是亚当·斯密教授的好朋友。不过，朋友关系不至于扭曲他对亚当·斯密教授思想的评估。

斯蒂格勒的评估方式，不在于简单地就某个观点赞美或责难亚当·斯密，因为任何一个学者的成功在于其是否能说服当代与后代学者。当李嘉图、约翰·密尔或托伦斯采用亚当·斯密的理论时，并不表示他们无条件接受亚当·斯密的观点，他们只是在工作与思考上接受亚当·斯密思考架构的指导。相对地，亚当·斯密的失败在于提出当代及后代学者并不接受的理论。当亚当·斯密犯错时，我们期待他的徒弟会指出来。可是我们发现，亚当·斯密最好的文章仍被人忽视。总之，斯蒂格勒认为，判定学者的成就要用科学的判断方法。

由于亚当·斯密是人类迄今最伟大的经济学家之一，因此斯蒂格勒觉得探究斯密的成功与失败是很有意义的事。

适当的成功之处

斯蒂格勒认为，经济学领域里的主张如果成功，就会变成当代和后代经济学家所谓典范运作体系的一部分。他们会接受并使用（着重强调“使用”一词），或拒绝并争论（着重强调“争论”一词）该主张。在这两种情形之下，他们的工作都会受到成功的主张的影响，而同时也在衡量其成功的程度。因此，斯蒂格勒说：“假使某项理论分析变成承继者生活经济学的一部分，就算是成功。”因此，不论亚当·斯密的主张是否自创，只要能主导后来的理论运用，便是他的成功之处。所以，斯蒂格勒不准备指出亚当·斯密承袭的先进之处，即使这种情形有很多，比起亚当·斯密的贡献来说，也只是小巫见大巫。斯蒂格勒认为，我们可以利用牛顿（L. Newton）介绍他自己的话语来介绍亚当·斯密：“假使我可以看得更远，那是因为我站在巨人的肩膀上。”这适合与前辈比较，但不适合与同辈比较，因为同辈有同样高的肩膀可站。

斯蒂格勒指出，亚当·斯密的第一次大成功是，将个人在竞争条件下的追求自利行为的系统分析置于经济学的中心。这是《原富》中的精华，且迄今为止仍是资源配置的基础。各种资源寻求其最有利的目标，以使每一种资源在各种用途的均衡报酬率都有相同的主张，这依旧是所有经济学内容里最重要的理论。

斯蒂格勒说他不知道是否应将斯密竞争价格理论视作非常成功的理论，即是否要将不同职业的工资率与利润差异理论列为第二次大成功。但亚当·斯密的追随者在1个世纪的时间里，几乎一字不漏地引用亚当·斯密所提影响工资率和利润差异的四大成本因素——训练、勤奋（hardships）、失业和信任（trust）。这也促成了马歇尔著名的“工资”章节以及现代的“人力资本”理论的发展。所以，斯蒂格勒认为，这一价格理论的特别应用或许值得列为斯密的第二次大成功。

斯蒂格勒接着说，亚当·斯密的第三次大成功是他对重商主义的攻击。这是斯蒂格勒由一个学者对其他学者的冲击程度衡量而得，并不是从一个学者对公众思考或公共政策的影响程度的考虑而得。亚当·斯密攻击任何形式的保护主义，如关税、补贴、强制国货国运、殖民地企业的限制等，此与其竞争价格的理论一致。在公共政策中，个人自由选择的争论焦点在于竞争能否提高生产效率。制造商、农民、劳动者或运输业者在追求收入极大的过程里，会将资源用于一个国家最具生产力的地方。亚当·斯密说：“每个人会不断督促自己为拥有的资本去寻找最有利的雇主。这是从个人的立场考虑，而不是从社会的立场考虑。可是从自利出发，自然会引导个人选择对社会最有利的资源。”这项推论虽是对价格理论的应用，但因其发展极为广泛，故值得视作亚当·斯密的另一大成功之处。

斯蒂格勒觉得他已尽可能少地引用亚当·斯密的话，但此处有必要举出一个可证明斯密的论辩具有威力的例子。以下是斯密批评英国重商主义政策的一段话：

单是为了扶植一群顾客而建立一个大帝国，乍看之下也许像是只有零售店店主组成的国家才会去做的一桩事业。然而，这种事业其实和满脑子生意经的零售店店主完全不搭调。不过，它倒是和政府受到零售店店主影响的国家极为搭调。这种国家的政治家，而且也只有这种国家的政治家，才有这种幻想的能耐，以为用他们同胞的生命与财产去建立与维持这种帝国可以给国家带来一些好处。你若不信，那就随便找一个零售店主，向他说，“你帮我购置很多地产，我以后一定只在你店里买我需要穿的衣服，即使别家店里卖的衣服比您店里卖的稍微便宜些”。你将发现，他绝不会热烈响应你的建议。但是，如果有其他人帮你购置这么多地产，而且吩咐你一定要在他店里买你所有的衣服，那么这位零售店店主一定十分感激你这位恩人。英国在一个遥远的地方为它的一些国民购置了很多地产，因为这些国民觉得待在本国不舒服。没错，英国所支付的价格很低，不是18世纪常见的那种动辄地产年租30倍的土地价格，而几乎只等于是一些不同种类的器具费用，一些它用来首次发现那个遥远的地方、侦测那里的海岸线，以及声称占领那里的器具费用。由于那些地产的土质优良、范围广大，垦殖者有充裕的优质土地种植东西，而且有一段时间可以随他们的意思到处卖自己的产品，因此在短短的三四十年间（约1620—1660），那里变得人口众多，以至英国本土的众零售店店主和其他商人希望能独占他们的买卖。所以，那些零售店店主和其他商人虽然不敢妄称他们对当初购置那些地产的价钱或后来改良的费用有过丝毫的贡献，但是仍然向国会请愿，希望限制美洲垦殖者今后必须到他们店里来，一来购买他们所需的所有欧洲货，二来售卖他们自己的产品中所有让那些商人觉得方便购买的部分。因为那些商人觉得不方便把他们所有的产品买下来。美洲产品中的某些部分如果输入英国，也许会干扰到他们原本在国内经营的一些买卖。所以，关于那些特定部分，他们愿意让美洲垦殖者拿到能够卖出去的地方卖，而且这种地方离他们越远越好。因此，他们建议美洲那些特定产品的市场应该被限制在西班牙菲尼斯特立角以南的欧洲地区。著名的航运法中的一个条款让这个真正属于零售店店主的建议变成了法律。

1776—1976年，亚当·斯密的犀利主张，配合李嘉图、约翰·密尔以及其他人的理论，建立起一个无人敢侮的国际自由贸易传统。

斯蒂格勒认为，亚当·斯密的第四次成功是提出工资基金理论。该理论以工资基金相对于雇用人数的比率来解释短期平均工资的水平，此工资基金经过一段适当的时期后，会接近固定金额。暂且不论这个理论是否有用，它确实主导了英国其后100年的经济学。该理论的不确定之处在于，亚当·斯密虽认为该理论有必然性，却未明确说明如何形成该理论。他认为，该理论的精髓是“靠工资维生者的需求只能随工资基金的扩大成比例增加，工资基金包括维修之余的收入和雇用专家之余的资本”。亚当·斯密的工资理论是基于工资—基金运作关系（机制）的，不过他并未清楚地定义工资基金的内容。

斯蒂格勒说，以上所提是从大处着墨，并未涵盖较小范围的见解与争论。譬如著名的钻石和水的例子所提示的价值矛盾造成边际效用理论中难解的问题，就不是这里的探讨标的。但斯蒂格勒认为，他所指出的以上亚当·斯密的前三次大成功已成为经济学里永恒的内容。

不适当的成功之处

斯蒂格勒表示，不适当的成功是指一个错误的或不能发展的论题或分析方法，对当代以及后代经济学家产生了巨大影响。大多数可证明的错误问题很快就会被指出来，但是有些没有被指认而存在于某种有用的知识之中的问题，却要假以时日才能被发现。

在这里，斯蒂格勒强调他指出亚当·斯密一个符合上述条件的重要论题：生产性和非生产性劳动（productive and unproductive labor）的理论。

斯密说：

有一种劳动，将其施加在物品上，会增加物品的价值，另外一种劳动没有这种效果。前者或许可以称为“生产性劳动”，因为它会产生价值。相对地，后者可以称为“非生产性劳动”。譬如，一般来说，制造工人的劳动在自然加工的材料上增加了一部分价值，这可以提供本身生活所需和雇主利润。相反，侍奉主人的奴仆不会增加任何东西的价值。虽然由雇主先垫付工资给制造工人但实际上雇主的花费并不是损失，因为这些工资通常会在物品增加价值后收回来，此外还会附带一些利润。可是，主人雇用奴仆的费用，花出去以后便永远收不回来了。雇用许多制造工人可以致富，而雇用奴仆却会变得越来越穷。但是，制造工人的劳动是附加并且体现在某些特定物品或可供出售的商品上的。这些物品或商品经劳动加工以后，至少可以存在一阵子。这好比是某一数量的劳动被堆积和贮存了起来，必要时，可以在某些场合运用。也就是说，这些物品，或者说这些物品的价格也是一样，可以在日后有需要的时候拿来驱动一定数量的劳动工作，这个数量和当初生产该物品的劳动相等。相反，侍奉主人的奴仆的劳动并不附加或体现在任何物品或可供出售的商品上。女仆的各种服务通常在工作时便消逝了。

斯蒂格勒认为，这种区分的目的相当清楚，假使我们可以按生产性劳动的产出能够累积的特性来确认该劳动，那么资本只能通过生产性劳动的产出来累积。但斯蒂格勒表示，此区分有以下两个难点。

第一，即使亚当·斯密是对的，但广泛雇用生产性劳动也只能允许资本累积，而真正的新资本的形成需要完全独立的储蓄行为。由于多数实体产出是在当期消费掉的，并没有累积成资本，因此，生产性劳动的比例与资本成长率的关联性很低。

第二，有些投资行为并非生产性劳动的结果。例如，投资于人力资本并不会变成具体的可贩卖商品。然而，亚当·斯密同意，社会能量的一部分包含其住民所获得的有用能力——其住民应注重新知识的开发。斯密说："通过接受教育、自修或当学徒的过程而获得的（有用）才能，虽然总要支付费用，却是资本的来源，这些才能会给本人以及整个社会带来幸福。"斯蒂格勒认为，除非我们也将指导者和训练者的劳动视为生产性劳动，而违背亚当·斯密视所有“文书工作者”（men of letters of all kinds）的劳动为非生产性劳动的主张，否则生产性劳动的存在根本不能看作是资本形成的条件。

亚当·斯密的继承者从来不会对生产性劳动的概念有深刻印象，西尼尔（Senior, 1790—1864）和麦卡洛克（McCulloch, 1789—1864）否认此种区分，约翰·密尔的修正说法根本无视此种区分的存在，因此，斯蒂格勒认为，这是一个小的不适当的成功之处。

适当的失败之处

斯蒂格勒指出，和成功一样，亚当·斯密无法说服经济学家的失败可分为两类：适当的失败和应该成功的失败。此处先讨论前者。斯蒂格勒定义适当的失败包含了错误的分析，或在实证上使用了狭隘的或错误的世界观。

斯蒂格勒指出，亚当·斯密“适当的失败”最明显的例子是资本使用的各种用途（hierarchy of employments of capital），这体现在《原富》第二卷第五章“论资本的各种用途”（Of the Different Employments of Capital）中：

> 资本有 4 种不同的用途：第一，生产社会每年需要使用和消费的初级产品；第二，对这些初级产品进行加工制造以直接使用和消费；第三，将初级产品或制成品从供给充裕的地方运送到供给不足的地方；第四，将一部分初级产品或制成品分装成方便人们偶尔需要使用的数量单位。

虽然这 4 种用途彼此倚重和对“社会普遍方便”的功能均非常重要，但在生产过程中，越早使用资本，资本的生产力就越大。资本不仅让许多劳动者有工作，且会扩增社会的生产量。这个推论很简单：一个零售商可能只雇用一个员工，而把其余资本用来购买销售物，该部分只是替代较早生产阶段的资本而已。另外，“没有人在运用资本雇用生产性劳动量方面比得上农民”。因此，农民的资本，辅以土地的肥沃，都用来支援其所雇用的劳动力。

斯蒂格勒表示，亚当·斯密的错误相当明显，斯密使融资体系掩盖了经济生活。假使消费者在购买货物时，不把钱支付给零售商，而支付给种植的农民、加工的磨坊、运输的船长和贮存的中间商，那么每个人的资本会直接用于支持生产，但产销过程不会有任何重大改变。

斯蒂格勒认为，如果亚当·斯密果真在他的理论体系犯了这种错误，那么其影响不堪设想。举例而言，支持私人控制投资的论点会受到难以弥补的损害。但是，该错误只是一个很小的瑕疵，玛哥罗奇曾适当地反驳，西尼尔和约翰·密尔则选择忽视，只有马尔萨斯热切赞同此种区分。

斯蒂格勒表示，这个错误无疑是受到了重农主义的影响。而另一个相关的错误是将社会有用性的层次适用于国内购买、国际贸易以及国际贸易运输业。亚当·斯密认为国内贸易更换了两份英国资本，如向苏格兰制造商买东西然后将其运至伦敦卖，再买英格兰的谷物回爱丁堡。同理，国际贸易只更换了一份英国资本，而国际贸易运输业则无此功能。此外，当地贸易的报酬比远地贸易的报酬回收快。斯蒂格勒认为，亚当·斯密这段论述当然是错了，若不同贸易种类的资本报酬率都一样，那么国际贸易在改为国内贸易时，会降低全国的产出（虽然资本的出口会影响工资）。亚当·斯密的追随者并未大力支持这个错误。

斯蒂格勒表示，另一个相当不同的错误（或许根本不是错误）是亚当·斯密过分重视由农业产生的价值衡量（measure of

value）观点。亚当·斯密对货币价值的不稳定性很敏感，《原富》里有一部分篇幅是用来探讨货币贬值和通货膨胀的内容。他建议以劳动1个小时的辛劳来衡量价值。

斯密说：

任何的等量劳动，其价值应该都一样。在劳动者拥有的健康、体力、精神与技术下，他总是要牺牲相同程度的舒适、自由和快乐。尽管劳动者购物的数量可能变动，但他支付商品的价格总是一样……因此，以商品价值衡量的劳动者最终真实的价值不会因为时间、地点的不同而变动。

斯蒂格勒指出，亚当·斯密的错误（若真是一个错误的话）在于，假设1个小时劳动的心理成本对一个人来说，较消费商品的心理满足要稳定。劳动或工作的痛苦或负效用（disutility）不稳定的根源有3个：（1）它随技术条件而变动。譬如，现代社会已不必用人力来搬运重物。（2）它随劳动者接受的训练程度而变动。随着生产分工越趋精细而递增的受训痛苦，它应与工作的痛苦一起考虑。（3）它随工时长短以及收入而变动。至于消费商品之满足程度则不因（2）而变动，可能因（1）而变动（看其对新产品的感觉而定），但绝对会因（3）而变动。

亚当·斯密否定消费可以用作价值衡量，是因为他认为奢侈品毫无价值，只能产生想象中的愉快，并终将因消费者的觉醒而幻灭。亚当·斯密这个观念在他的著作《道德情操论》里曾被大加阐释,《原富》里也有详细记载。然而,斯蒂格勒认为,亚当·斯密的一个特点,即一直强调较大的财富可带来较大的满足幻象,却从未被戳破。

斯蒂格勒表示,亚当·斯密的第三个错误(或许应可视为误导处)是他的货币理论。在《原富》第二卷第二章“论货币”(On Money)里,亚当·斯密相信社会中有固定的货币需求,认为只有一定数量的货币会流通,其余的会输出(若货币是黄金或白银)或用以兑换黄金(若货币是纸币)。斯蒂格勒表示,假使汇率固定,而纸币可兑换黄金或白银,则亚当·斯密的立论是可以成立的,该理论本质上是简单的货币购买力学说。

斯蒂格勒说,在形式上,亚当·斯密的理论没有错误,可是它使得休谟的论文所建立的一般性且具有预测能力的货币理论倒退了。

不适当的失败之处

斯蒂格勒表示，亚当·斯密拥有崇高的地位和强大的说服力，要指出他正确、深奥、丰富的思想竟然不能被人接受，这似乎有几分矛盾。不过，他仍打算探讨亚当·斯密应成功却未成功的地方。

第一个是排斥生存工资理论（subsistence theory of wages）。亚当·斯密认为，一般而言，英国的工资不是指生存水平的工资，其明显的理由有4个：（1）夏季工资高于冬季，但生存费用则相反；（2）生存费用每年变化很大，但工资改变很慢；（3）生存费用各地差异颇大，但各地工资差异不大；（4）不同时间和地点的生存成本或费用的变化与工资的变化往往呈反比。这些证据，特别是前两者，在短期内便可以证明为真。亚当·斯密另外举出英格兰和美利坚殖民地的实质工资差异作为长期亦真之例，随着时间的检验，这个实例越来越能支持他的说法。

亚当·斯密提出一种替代理论，该理论预测的工资比其生存工资理论预测的工资更为正确。他主张，由于无技术劳动者的工资 = 生存工资 +λ（Δ资本／Δ时间，$\lambda>0$），即人口数量受上一期资本变动的影响，因此“……在进步的国家里，社会不断取得新资本，但不是向富有者取得资本，所以劳苦大众是最快乐与舒适的。停滞的社会将是贫困的，退步的社会则是悲惨的”。这个工资理论虽然颇为合理，却轻易地被马尔萨斯的理论（假设$\lambda=0$）碾压了1个世纪之久。

斯蒂格勒认为，亚当·斯密的第二个应成功却未成功的见解是经过100年才得以流传的地租理论（theory of the rent）。斯密始终把土地的租金视为一种剩余，即租金固然是生产的成本，也是自其他用途吸引土地的诱因，若将土地的所有用途综合来看，土地租金就是一种剩余。该理论见《原富》第一卷第十一章“论地租”（The Rent of Land），其叙述似乎不含混，但也不清晰。斯蒂格勒对此见解的困惑终于在布坎南（D. H. Buchanan）发表于1929年《经济学刊》（*Economica*）的文章《租金和价格理论的历史方法》（The Historical Approach to Rent and Price Theory）里找到答案。亚当·斯密曾说：“一亩地可以生产较少量的某种食物（肉）或较多量的另一种食物（玉米），则量少之物会以高价格来弥补差异。倘若肉的价格过高，则玉米田会转为牧草地；倘若肉的价格不够高，则牧草地会转为玉米田。”约翰·密尔对此理论曾略表支持，马尔萨斯则不完全接受。如今很难追想何以亚当·斯密当年探讨成本理论的观点被如此漠视，但此理论不像上文所提及的亚当·斯密的其他理论清晰完整，故此理论虽然正确，却未能深入人心，这实在不能责怪亚当·斯密的信徒，却只能怪亚当·斯密本人的疏失。

斯蒂格勒表示，最后一个亚当·斯密令人惋惜的失败之处是著名的劳动分工（division of labor）观念。不过，斯蒂格勒自问：“为何这个著名的《原富》章节已具有永恒生命的内容，却是一个失败呢？难道它不是在过往的经济学里不时地被引用吗？”他自答：“是的，几个世纪以来确实如此。”

斯蒂格勒指出，这个失败的特性有所不同：由于劳动分工理论始终不存在，几乎没有人使用劳动分工理论。巴贝奇（Babbage, 1791—1871）曾在考察商品制造时阐释了劳动分工，其基础是马歇尔考虑产业当地化的外部性经济理论。杨亚男（Allen Young）和斯蒂格勒曾在添加市场限制条件后发扬亚当·斯密的劳动分工理论，而科斯将该理论应用于公司也很明显是传承了亚当·斯密的观念［杨亚男的《递增报酬和经济进步》（Increasing Returns and Economic Progress）发表于1928年的《经济期刊》（*Economic Journal*）；科斯的《公司的本质》（The Nature of the Firm）发表于1937年的《经济学刊》；斯蒂格勒的《劳动分工受限于市场规模》（The Division of Labor is limited by the Extent of the Market）发表于1951年的《政治经济期刊》］。不过，斯蒂格勒表示，至1976年都尚未有亚当·斯密的劳动分工理论的进展证据，而专业分工也并非现代生产理论中的一环。

斯蒂格勒又说，亚当·斯密对劳动分工提出了颇具说服力的见解，就像当时专业化的冲击所给予他的感觉一样。然而，到1976年也仍未有如同亚当·斯密所言的劳动分工是经济进步主流的理论出现。这或许可以解释，为什么规模经济的现代理论仅仅是劳动分工概念诸多发展可能性之一吧！

不过，正如本书第三章所说的，已故的杨小凯早已在澳洲莫纳什大学发展出一套扎实的劳动分工理论。

成功与失败的确认

斯蒂格勒表示，一项科学研究的成功与失败多是由当代专家来评断的，其评断则由后代学者决定是否接受。由于在亚当·斯密所处的年代，经济学家属于凤毛麟角，所以我们可将 19 世纪初视为亚当·斯密的时代，他的经验能肯定这一原则。亚当·斯密的适当与不适当的成功，都在《原富》发表后 50 年内完成。他的适当与不适当的失败，也大约在同一时间出现。斯蒂格勒指出，我们几乎可以说（但不完全正确）斯密的适当成功与失败很快就赢得了认同，但他的不适当成功（斯蒂格勒提醒：请记得亚当·斯密的生产性和非生产性劳动是中度成功）也无可避免地迅速流传。

斯蒂格勒表示，亚当·斯密不适当的失败之处（属于被当代人忽视的贡献）终究还是为后代人所接纳。但斯蒂格勒认为，当地租理论历经 1890—1910 年的发展而内容完整时，却不是亚当·斯密深奥、模糊不清的理论的贡献。当马尔萨斯的工资理论自 1825 年起逐渐被遗弃时，亚当·斯密提出较合理的人口落后工资增长的理论并未代之而起。事实上，有颇长的一段时间，人口方面的问题没有任何可以共同接受的理论，经济学界完全忽视了人口问题。倘使要因此而论断某一专业分工理论的出现和亚当·斯密都不相干，那么自然会有些鲁莽，因为这三项不适当失败的事实确实是科学悲剧。不过，倘使要将之“归功”于亚当·斯密，则显得更鲁莽。

尽管如此，斯蒂格勒表示，当代学者的评断是决定主导思想原则的另一个理由，科学是知识的“社会化”追求，不是独立个人的见解调查。一个学者若不能影响他的当代学者，则不配作为该领域有效率的成员。有时他或许过于有远见，例如，在内燃机发明之前就创造了圆盘式刹车，但这是一个罕见的失败理由。真正促成学者失败的原因是，他们的见解根本是错误的、没用的或发展过于粗糙的，以至于无法给当代学者提供有用的指导。这是在一个社会企业中用以衡量失败的适当理由，而后代学者会相当敏感地接受这种永恒的裁决。

成功与失败的源泉

斯蒂格勒表示，长期来看，一项理论最重要的是正确，但我们也必须指出，正确只是较少的错误而已。该项理论必须有助于解释经济学想要了解的世界的本质，因为能解释一部分总比不能解释好。

斯蒂格勒认为，逻辑的错误有时是一项理论的致命伤，这是亚当·斯密资本的4种用途理论始终没有科学前途的原因。无论如何，一项理论经常可以在修正后的逻辑下存活，可是，亚当·斯密的资本用途理论却完全受到了李嘉图等经济学家的忽视，其原因或许是，他们相信整个方法没用且很难处理。

当然，每个理论都有其缺陷，其逻辑可能过于严谨。虽然严谨的标准可能改变，但因此而发出疑问也是一种愚钝的表现。

斯蒂格勒表示，我们接受亚当·斯密的理论，暂且不论其逻辑，我们实在也很少受到他所引用的证据影响。他对生存工资理论所提出的实证反例遭到漠视，而他对竞争之下投资报酬率相等的定理也只有一些不经意且含逸趣的支持性证据。虽说证据不特别，也非量化形态，但这不是说它们完全无足轻重：若一个定理与许多观察现象（参与贸易的人越多，财货价格便会逐渐下降）一致，那么人们就会将之应用于未观察到的地方。当一个世纪之后的克利夫·莱斯利（T. E. Cliff Leslie）否定报酬率会趋近相等时，只有极少有价值的证据可以反驳他。

但是，劳动分工无所不在的证据，当然也难以抗拒地符合理论与一般观察现象一致的鉴定。试问，任何一位现代经济学家可否举出一个劳动非专业分工的例子？似乎唯有运气好的人才能联想得到《鲁滨孙漂流记》里的主角克鲁索的劳动正是这样的一个例子。然而，我们很少看到经济分析里有系统或规则地应用这个观念。我们已经暗示，劳动分工和报酬率定理不同的命运，后者力道极强，且可立即用以解答许多重要问题：为何有些职业工资收入较高？为何重商主义和类似的国家干预以及私人独占会导致资源错配？谁会负担不同的税赋？劳动分工的理论并非一无是处（只是受限于一个市场，故它与保护主义有关），但应用情形很少。

斯蒂格勒下结论说，就这样，亚当·斯密在他应该成功之处成功了，并为“人的行为”提供了坚强无比的定理。斯密认为，一个人在竞争环境中追求自利的这种说法，相当于物理学界的牛顿定理。今天，我们能够广泛地将自利原则推广至经济和社会行为的范畴，并超越了亚当·斯密本人未成体系的研究，这完全得归功于亚当·斯密伟大而持久的成就。

值得再强调的是，“分工”观念非常重要。有这样的一种说法：要如何简要地说明《原富》这本书的内涵呢？答案就是“分工”。大学教授还将此作为经济学的考题呢！不过，要牢记在心的是，分工是与合作紧密联结在一起的，所以，“分工合作”是一个词，其前提是人人具有“诚信”“善心”，而“分工理论”在20世纪末已由已故的杨小凯教授奠定了！

第七章

结语：返回亚当·斯密的世界——为经济学寻根

经济学是人的行为学的一部分，但问题是这句话中的那个“人”字的正确概念没有被所有学习经济学的人时时刻刻紧紧把握住。经济学家所必须了解的“人”与生物学家或动物学家心目中的“人”不一样。虽然经济学家也知道“人”具有一般动物的欲望、冲动和本能的反应，但更重要的是，“人”还具有异于动物的意志、理念和逻辑思维。这是人之所以为人的一大特征。

2016年夏，此时的中国台湾正值酷暑，且暴风雨不断，7月8日的强台风“尼伯特”几乎将台东摧毁。其实，整个世界也都在显现气候变迁的实景。早在2006年7月19日，国际媒体报道，欧美多国受热浪侵袭，竟有两位数的死亡人数。在亚洲，日本与朝鲜半岛连日暴雨引发山崩、泥石流和洪水等灾情，两地估计有逾170人丧生或失踪，成千上万的人无家可归。媒体以“亚洲洪涝”“欧美热浪”和“水深火热”为标题作报道。是的，类似的天灾多年来早已司空见惯，只是范围越来越广，已经遍及全球，而且程度越来越严重，在高科技日新月异的时代，这不但是讽刺，更突显出人类能力的渺小。

对于天灾的层出不穷，人类也早已开始反省，由“天灾人祸”这个长久以来的惯用词便可见一斑，因为其已明示“天灾”是“人”惹出的祸。而20世纪70年代环境保护萌芽，大家对“我们只有一个地球”的响亮口号也耳熟能详，这也可得知人类并非无知。

20 世纪末，“可持续发展”又成为全球追求的标的，或许也印证保护环境是“知易行难”，因为几十年的环保运动几无成效，资源浪费、环境污染越来越严重。一个关键因素是“人对物质的追求”已经停不下来，这与各国政府带头追求“经济增长”（自 21 世纪以来仍是主流）息息相关。

我们知道，对经济增长的追求在第二次世界大战以后成为热潮，经济发展和经济增长理论也成为显学，而 20 世纪 40 年代出现的“国民收入”及其账目计算方式，可以说是在其中扮演了推波助澜的角色，有必要予以严肃检视和探索。同时，国民收入的概念正是“总体经济学”的根本，而凯恩斯理论又是总体经济学的支柱，也当然要加以检视。此外，当代基础经济学开宗明义就说“人的欲望无穷”“人是理性自利的”，因而对物质的追求无止境，进而演变至“无所不用其极地追求自利”“利益摆中间，诚信放两旁”的地步，甚至还将“诚信”从经济学中挖走。“市场竞争”被扭曲为“斗争”“商战”加速了人心沉沦，以致天灾人祸越演越烈，这也都有必要进行重新检视，以期寻回经济学的本质。如此，号称“社会科学之后”的经济学，才能扮演造福人类的正面角色。

经济增长应有限制

有几个主要的论点是关于经济增长的。一是被用作指标的“经济增长率”，其计算基础是“国民收入”，当今全球通用的是国内生产总值，其最一般性的定义是“一国在一定时期内（一年、一季）的住民（不论国籍）或在该国国内生产出来，供最终用途的物品与劳务的市场价值”。很明显，它是“量化的”，而且重视的是“物质面”（或是有形的），难以量化的“精神面”（无形、主观的）几乎没有涵括在内，因而无法充分反映人的“福祉”。二是物品和劳务的生产必须有投入，这也是“有得必有失”“天下没有白吃的午餐”的道理，虽然孟子有“斧斤以时入山林，材木不可胜用也”的生生不息的方法，但为了让生产增加，人类往往将资源过度使用，因而基本经济学强调的“求取极大值”“欲望无穷”的观念就难辞其咎。连在讲求“效率”的自由经济社会都无法避免浪费、耗用资源，遑论不讲成本的社会！三是在自由世界里，经济增长理论将“技术进步”这个因素加入，以为可以解决耗用资源难题，但20世纪90年代“新经济还是难逃报酬递减宿命”已做出“不可能”的注解，何况科技还会衍生出不可知的可怕后遗症呢！

尽管有识者对这个课题早已进行过严肃讨论，奈何追求经济增长仍是21世纪各国政府的政策目标，也是媒体和一般民众所深切盼望的。在人们热衷于追求“永续发展”的当下，我们应借此机会提出“简朴生活才是永续发展正途”的理念。

人类自20世纪70年代以来就越来越感受到资源的相对缺乏，可是为何“节约”“安贫乐道”等口号喊得震天响，但收效依旧有限呢？我们看到在今天崇尚名牌、炫耀性消费依然是时尚就明白了。而多年前在台湾掀起的“卡债、卡奴”问题，其中有部分就是消费至上，甚至是“享受至上”行为的反映。这里，我们必须严肃地再提醒，对“强调消费、鼓励消费”的凯恩斯理论，以及总体经济中“以消费提升经济增长率”的理念和政策都应重新思考。此外，当代基本经济学以“自利”为“行为动机”和以“极大化生产和欲望”为基本原则，甚至将“技术进步”“创新”作为永续发展万灵丹的观念，也都必须重新检视。

天灾为何如此严重

这几年，全球的天灾越来越多、越来越烈，每次出现总伴随着感人的救援行动，但在发挥爱心之余也实在应该进行实质的、冷静的检讨，为何近期全球的天灾接连不断，而且似乎越来越严重？总不能每次都等灾难发生再发挥有限的爱心去救苦救难，事后又船过水无痕吧！这样的循环不但会因疲于奔命而逐渐力不从心，而且递减定律也将使爱心削弱，救援资源也会越来越短缺。更负面的影响是，或许会让人类养成“反正都会有救援，乃疏于未雨绸缪”的习性，而且爱心和救援也可能变成政客和趁火打劫者作秀和揩油的工具。因此，我们应该痛定思痛，跳离表面思考，往深层的根本内涵去寻找祸根，而后才可能刨根。

首先，世人应该都已有所体会，说是天灾，其实是人祸。以2004年12月那次南亚天灾来说，表面祸源是地震、海啸，但为何地震、海啸频频出现，且带来的危害越发严重？虽然现代自然科学对这些所谓的“自然现象”进行了多次研究，也有各门学问进行专门探讨，但遗憾的是，似乎越探讨，“自然”越显得神秘，毕竟既然已经被称为“自然”，那就是“自自然然”，即“先天就是如此”。虽然每年的诺贝尔奖都在肯定科学家的突破，但也只是一点一滴的突破，浩瀚的宇宙似乎越钻研越神秘、迷离。而最伟大的科学家爱因斯坦最后也开始研究宗教，这其实可能正是告诉世人：“人是多么渺小”，“敬天敬神是必要的”，古人的“举头三尺有神明”才是明训。

其次，大自然为何反扑？是不是人类将和谐关系破坏了？现代人不是一直宣扬永续发展吗？而“生命的意义在创造宇宙继起的生命”，不正是鲜活地点出了包括人在内的各种生命体的生生不息，不就是永续发展的真义吗？人与各类生物、大自然，彼此不是应该共存共荣吗？不是应该发展出足以共存共荣的适当“生存法则”吗？达尔文的“弱肉强食”是对的吗？还是“自我设限、自我节制”才是对的呢？古人“仁民爱物”不是很有道理吗？为何人间如今有这么多自私自利的“贪心鬼”呢？

古代圣贤不是早已告诫我们“斧斤以时入山林，材木不可胜用也”的“人与大自然生生不息、和谐共存”的基本道理吗？

人类力量只能到某种程度

直到现在，全球各地还都是追求“高经济增长率”，而且也都以敦促政府带头拼的方式“强力追求”，那么是否因此而导致的“滥用”，也成为大自然反扑的原因呢？另类经济学者舒马赫（E. F. Schumacher）在1973年问世的《小即是美》（*Small is Beautiful*）这本书正可作为参考。舒马赫在40多年前就大声疾呼：“经济发展只能‘到某种程度’，生命只能复杂‘到某种程度’，追求效率或生产力只能‘到某种程度’，使用无法再利用的资源只能‘到某种程度’，人性对细密分工只能忍受‘到某种程度’，以‘科学方法’代替一般常识只能‘到某种程度’。”因而提倡“小即是美”“少即是多”的观念，此与当代经济学开宗明义的“极大化”完全相反，也与当前被认同的“追求私利人性”迥异。那么，这种观念会有可能被已经是短视近利的“现代人”接受，进而身体力行吗？当然可能！人类最伟大的科学家爱因斯坦就是典范。第三章说过的故事值得在此重述。

爱因斯坦简单、恬淡、纯真的人生

话说20世纪30年代，美国百货业巨子路易斯·班伯格（Louis Bamberger）和其妹妹菲利克斯·富尔德夫人（Mrs. Felix Fuld）出资请教育家亚伯拉罕·弗勒斯纳（Abraham Flexner）帮忙建立一个新的科学研究所。弗勒斯纳觉得美国一般的研究所已有许多，于是建议创办一所新型的高级研究机构，聘请世界一流的学者进行研究，而且要让这些学者有百分百的独立与自由，没有任何教学、行政等任务，要做什么研究也是研究者自行决定，研究所只负责提供足够的经费。这个研究机构就是后来著名的普林斯顿高级研究所。

有人建议聘请1921年诺贝尔物理学奖得主爱因斯坦，弗勒斯纳抱着姑且一试的心理亲赴加州理工学院，当对在该处讲学的爱因斯坦说明该研究所的种种情况时，爱因斯坦很感兴趣，并在1933年接受邀请。

弗勒斯纳赶紧问爱因斯坦有何要求，爱因斯坦共提出两个要求：一是必须接受他的助手迈耶尔，且给予其正式职位；二是他个人的年薪只要3 000美元，而且“若在普林斯顿一年生活不需3 000美元，薪水还可能更少”。对于这两个要求，弗勒斯纳颇感为难，因为第一个要求完全没问题，可以照办；但第二个要求却完全违背常理，一般人往往是“多多益善”，能得到的报酬是越多越好，怎会有人反其道而行之呢？

弗勒斯纳的苦恼，不只是觉得如此低薪实在是亏待爱因斯坦，而且对其他研究者又该如何呢？于是，弗勒斯纳一次又一次要求爱因斯坦提高薪水，到最后还几乎是用恳求的方式，才好不容易说服爱因斯坦接受 16 000 美元的年薪。3 000 美元和 16 000 美元，相差 5 倍多，可见爱因斯坦要求 3 000 美元以下的年薪有多么低，而这应就是爱因斯坦日常生活中的经验，觉得这样的收入已能好好过日子了，这也可看出爱因斯坦的生活是何等俭朴、简单，他就是典型的"少就是多、小就是美"奉行者（这里描述的爱因斯坦故事系参考郭正典主任撰写的《爱因斯坦的风范》一文）。

要跟上爱因斯坦的科学成就应该非常难，但学习爱因斯坦"生活过得去就好"的"清心寡欲"应该不是难事吧？这种俭朴、克制自己的生活方式不正是当下世人追求的"永续经济发展"最需要的吗？

我们知道永续发展与技术进步的正向关系被反复强调，当"知识经济"兴起，创新和创意又被重新认识，加上计算机、网络的日新月异、无远弗届时，不少人对现代高科技的无所不能更是有着高度信心。不过，该问的是：将知识导向现代科技和物质，对于人类的福祉真有正面效益吗？关于这个严肃的、重要的课题，在一面倒向正面评价的当下，其实无论中外都出现反向思考，其能否发展成潮流，关乎人类能否真的"永续发展"。关于"永续发展"，尽管它风行全球，也有不少形诸文字的定义，但"生活的目的在于增进人类全体的生活，生命的意义在于创造宇宙继起的生命"这个定义却鲜活地道出其精髓，它言简意赅地指明"人"在宇宙内，不但生命要生生不息，而且所有生命（人）

的生活也应该不断地得到改善。可是，知识经济下的发展会是这样的情况吗？

不可否认，物质财货的数量大、质量优以及种类多，已成为现代人日常生活最重要的追求标的，而争权夺利也无疑是绝大多数人活生生的写照。在新兴的“知识经济”流行潮带动下，这一现象是否又会被更深一层地强化？甚至会让投机、贪婪以及物化、机械化的人更进一步地被现代科技无情的摧残呢？

让经济学回归“人性”本质

为何这一股追求物质享受的热潮会不停地蔓延？即使在心灵空虚已明显侵占现代人的此刻，为何世人还是无奈地随波逐流？“自我的失落”以及“观念的失根”恐怕是关键，而特别是自20世纪30年代以来一直居于主流的“当代经济学”也需担负重大责任。在当代经济学里，“欲望无穷”被当成不可怀疑的人性，人们积极地以科技进步来使用自然资源，并以生产更多物质来满足永不餍足的欲求，这一直以来都被当成天经地义的“福祉增进”。“非物质”或“精神”逐渐被抽离，迄今可说已荡然无存。其间虽也出现一些反省，但往往沦为“异端”，甚至被打成邪说，或者被归为哲学范畴，而徘徊在经济学殿堂之外。

2008年诺贝尔经济学奖得主克鲁格曼就在他于2012年出版的《现在终结萧条！》（*End this Depression Now!*）这本书中说“经济学不讲道德”。虽然环境问题的现实迫使主流经济学思索永续发展，但是到头来仍然坚信科技进步是解决良方，仍然未能回归人性和心灵层面。1949年，奥地利学派第三代掌门人米塞斯的巨著（无论是质或量都可以如此形容）《人的行为》第235页里有这么一句话：“当今大多数的大学以‘经济学’这个名目讲授的东西，实际上是对经济学的否定。”60多年过去了，如今再读这句话，不但不觉得失效，反而更突显其正确性。正如1995年年底过世的自由经济学前辈夏道平先生所言：这几十年通用的经济学教科书，属于技术层面的分析工具的确越来越多，而在这门学科的认识上，始终欠缺清醒的社会哲学作为基础。说得具体一点，即对人性以及人的社会始终欠缺基本的正确认识。

那么，真正的经济学是什么呢？我们在此还是重复引用夏先生的说法：

经济学是人的行为学的一部分，但问题是这句话中的那个“人”字的正确概念没有被所有读经济学的人时时刻刻紧紧把握住。经济学家所必须了解的“人”与生物学家或动物学家心目中的“人”不一样。虽然经济学家也知道“人”具有一般动物的欲望、冲动和本能的反应，但更重要的是，“人”还具有异于动物的意志、理念和逻辑思考。这是人之所以为人的一大特征。

人的欲望是会自我繁殖、不断增多的，而其满足却要受到外在种种限制。于是，在要求满足的过程中，他不得不有所选择。选择，是出于不得已，选择什么，则又力求自由。这就是说：人，并非生而自由，但具有争取自由的本性。

由于人性中有上述的特征，所以在漫长的演进过程中，渐渐学习了争取个人自由的适当方法。这个方法要求人们做到不妨害别人也可以争取自己的自由，否则终会妨害到自己的自由。这个认知，截至现在，虽还不是人人都有，更不是人人所认知的深度都一样，但可确定的是，只有“人”才会在个别自觉的互动中，形成分工合作且日益扩大的社会，这个社会完全不同于出自本能的蜂蚁社会。

人类社会的形成与扩大是由于人的自觉行为的互动。“互动”的“互”字显示出主词的“人”是指多数，而且多得说不出他们是谁，绝不是少数几个人，更不是像孟轲所称为“独夫”那样的一个人。其互动也是在其独特的环境，各凭其独特的零碎知识而行为，而互动绝不是靠一个人或少数人的设计、规划、指挥或命令而组织的所谓“团队”行为。

非团队行为的行为，不正是有些人所说的无政府的混乱状态吗？但事实上却完全相反。因为团队的行为是受制于这个团队主宰者个人的知识，即令他有所谓“智囊团”的帮助，也只是有限的少数人。至于分散在社会上无数个人的知识，个别地看是零碎的、琐碎的，甚至微不足道的，当然不能与任何专家的系统知识相提并论。但是，那些散在社会的知识总和却不是任何一个人或一个集团的知识所能摄取其万一的，即使当下已发展出更高科技的计算机也不能纳入那些知识的总和。这就是非团队行为的行为不仅未造成混乱，反而是分工合作的社会所赖以达成、赖以扩大的基础。用亚当·斯密的话讲，这是“看不见的手”的作用；用哈耶克的话讲，这是“生成的社会秩序”的作用。

重视“看不见的手”，并不意含排斥“看得见的手”；尊重“生成的社会秩序”，并不意含排斥“法制的社会秩序”。我们用“重视”“尊重”这样的字眼，是要强调“看得见的手”不应牵制或阻碍“看不见的手”的运作，而只能为其消除障碍，使其运作顺畅无阻；是要强调法制的社会秩序不应干扰或搅乱生成的社会秩序，只要提供一个有利于后者得以保持活力而无僵化之虞的架构。

以上两段叙述所谈的就是自由市场与政府之间的关系问题。自由市场就是所谓的生成社会秩序的一部分，政府就是法制的社会秩序的建立者。政府与市场之间的关系，必须是前者对于后者的运作只可维护或给予便利，而不得有所干扰或阻挠。

对经济学的此种认识，正是亚当·斯密和奥地利学派的精髓所在，也是将人当人看待，让人由衷地遵行“生成的秩序”，在和谐的分工合作方式下与自然界共存共荣的表现。因此，真正的经济学当然强调人类的伦理、道德，以及对市场机制和市场竞争由衷地遵循。奈何采用这种观点的奥地利学派在当今的经济学领域里没有地位，亚当·斯密也只是被口头尊崇而已，强调数理和数量化、将人机械化的经济学却占据主流。如今，在人心的极度沉沦下，虽然奥地利学派偶尔被提及，但哈耶克等人的著作并不好读，所谓的专业人士都有此感受了，何况对一般普罗大众！那么，到哪里去找类似正确理念，又足以担当唤醒心灵且植根正确观念的通俗著作呢？除了上文已提及的舒马赫的《小即是美》应该就是这样的一本书外，当前市面上早已有一些通俗的自由经济著作和翻译，而亚当·斯密的《原富》和《道德情操论》两部经典著作更是需要参读的。

找回“诚信”这种交易伦理

由上文分析可知，经济学这门学问，和其他学科一样，也是以“人”作为关切焦点。在亚当·斯密的哲学中，主要的推动机制是“人性”，他强调“同理心”“同情”是由自我改善的欲望所驱使、由理智所指导的，这无非是他希望所有降生在凡间的平常人都能幸福快乐地生活。推而广之，他所关切的人不只是这一代的人，更推及世世代代与无穷无尽的未来。他一定希望未来的人能生活得更为幸福、美满。因此，真正的经济学当然是生活化的，一切都围绕在活生生的人的周围。

鲁滨孙漂流到荒岛的故事时常被经济学当作例子，他先是孤独一人过日子，后来加入“星期五”这个土著人。这个故事鲜活生动地描绘出人类拥有的不是独居而是“群居”的特性。既然人类是群居动物，“人际往来”或“人际关系”就很自然地出现，人与人之间如何交往，当然就直接影响“行为者”的生活福祉，于是乎奥地利学派的米塞斯就直截了当地将经济学定义为“研究人的行为”的学问。

从亚当·斯密的《原富》开始，就很明确地点出“分工”“专业化”可增加财富，促进人的福祉，改善人际关系。斯密说：“劳动分工的发展是所有国家富裕起来的原因，而市场这只看不见的手是协调和促进分工的有效手段。”虽然如今我们都强调分工的功能，但分工并非人“刻意”发明的，诚如斯密所言：“产生上述许多利益的分工形态，原非单个人智慧的结果，即分工的出现不是因为哪一个人预见并且蓄意追求它所产生的财富……分工是人类以物易物的行为性向发展的必然结果。”人类虽有这种性向，但没料到分工会有如此广泛的功效。这点明了分工不是人类“明显的主观意图”而“人为刻意”造作的东西，而是一种“意想之外的”社会（或互动）行为秩序，是人类被一只“看不见的手”引导促成的东西。

因此，亚当·斯密创造出来的著名的“看不见的手”，的确是用来表达“势所必至”和“非主观意愿所能左右”的情况发展，不单是指价格系统，还是社会现象的一个分析通则。此种意想之外的行为秩序被哈耶克称为“自发的秩序”或“生成的秩序”，它是人们事实上依循了某些抽象而普遍的行为原则，而于无意间造成的结果。当前表面上被人广为引用、歌颂的“价格机制”“市场机制”，也当然是自发的秩序。

“看不见的手”所创造出来的市场，是分工、专业化得以显现成效的场所，其中必然有“交易行为”的发生。交易进行得越顺利，分工、专业化就可以越缜密，人类的生活也越优越。交易的顺利需靠交易者遵循交易秩序或规则，由于特质的差异，不同的市场各有其规则，但行为者却同样也都是“人”。不论是什么市场的什么样的规则，行为人必须具备一种“最起码”的伦理，这就是“信用”，或者是当前惯称的“信任”“诚信”。

交易行为人何其多，不论他们相识或不相识，只有在互信基础上才可能顺畅地进行交易。试想，在一个人人相互猜疑、互相不信任的社会，怎可能有顺畅的交易？怎可能有缜密频繁的分工呢？而人民的生活福祉又怎能增进呢？

当今经济学虽尊崇市场，也强调价格机制，却将最重要的“诚信”完全抛弃，并且里面的“人”不是有血、有肉、有主观价值、有灵魂的“真人”，充其量只是“机器人”，而被尊为“经济学始祖”的亚当·斯密其实是伦理学教授，其对“诚信”的看重更是不言而喻。因此，将诚信找回来作为经济学的基础，把人当成人看待，才可能返还经济学的本质！而这也就是我们必须重返亚当·斯密世界的原因。